新发展格局

怎么看　怎么办

林毅夫　刘遵义　马晓野
董　煜　祝宝良　贾　珅
徐　林　张　明　管　涛
陈斌开　王　军　刘培林
著

河北教育出版社
黑龙江教育出版社

图书在版编目（CIP）数据

新发展格局：怎么看 怎么办 / 林毅夫等著. --
石家庄：河北教育出版社；黑龙江：黑龙江教育出版
社，2021.4
ISBN 978-7-5545-6324-3

Ⅰ. ①新… Ⅱ. ①林… Ⅲ. ①国民经济计划－五年计
划－研究－中国－2021－2025 Ⅳ. ①F123.3

中国版本图书馆CIP数据核字(2021)第060443号

新发展格局 怎么看 怎么办

XINFAZHANGEJU ZENMEKAN ZENMEBAN

作　　者　林毅夫等
策　　划　徐　凡　张立新　董素山
责任编辑　王艳荣
装帧设计　于　越
出版发行　河北教育出版社　黑龙江教育出版社
地　　址　石家庄市联盟路705号，050061
印　　制　石家庄联创博美印刷有限公司
开　　本　787mm × 1092mm　1/16
印　　张　16
字　　数　180千字
版　　次　2021年4月第1版
印　　次　2021年4月第1次印刷
书　　号　ISBN 978-7-5545-6324-3
定　　价　58.00元

序言：构建新发展格局的深意与入手点

林毅夫（北京大学新结构经济学研究院教授、院长）

2020年5月，习近平总书记看望全国政协大会的委员，在经济组的座谈会上首次提出我国经济发展要“构建以国内大循环为主体、国内国际双循环相互促进的新发展格局”，这是在百年不遇之大变局中对我国经济发展的一个新的战略定位。中国现在是世界第二大经济体，第一大贸易国，中国发展战略定位的任何变动将不只影响到中国自身，也将影响到全世界。过去我国发展的战略定位是“充分利用国内国际两个市场两种资源”，在国内国外被普遍认为是推行出口导向的经济，新发展格局中首次提出“以国内大循环为主体”，广受国内国外各界的高度关注。围绕构建新发展格局，我就下面三个问题提出看法：第一，提出国内大循环为主体的短期原因与深层考虑；第二，国际循环跟过去一样重要（继续充分利用国内国际两个市场两种资源的重要性）；第三，怎样加快构建新发展格局。

一、提出国内大循环为主体的短期原因与深层考虑

中央在新发展格局的战略定位中首次提出“以国内大循环为主体”，既有短期原因，也有深层考虑。

2020 年，新冠肺炎疫情在全球大爆发，各国经济遭受巨大冲击。不少国际发展机构和学者认为，这次冲击是自 20 世纪 30 年代大萧条以来规模最大的一次，绝大多数国家经济负增长，居民收入减少，需求萎缩，投资锐减。世界贸易组织在全球疫情刚爆发的 4 月份曾预测 2020 年的国际贸易可能萎缩 13% ～ 32%。疫情有可能会蔓延到 2021、2022 年，未来几年国际贸易的情况不容乐观。

一方面，中国是出口大国，在产品出口受到抑制的情况下，自然需要更多地依靠国内循环来消化产品以维持经济的增长；另一方面，美国对中国出口设置层层障碍，对高科技产业的不断打压，比如对华为实施断供，把一些企业列入实体清单，也会影响到相关企业的出口，这些企业要继续发展，产品就要更多地靠国内循环来消化。这是中央提出“以国内大循环为主体”新定位的短期原因。

从经济学角度来看，中央提出“以国内大循环为主体”则是对经济发展基本规律的正确把握。虽然有不少学者把中国经济的发展模式称为出口导向型，但事实是，出口在我国经济总量中的

比重最高的年份（2006年）也只有35.4%，略高于经济总量的三分之一。到2019年，这一比重下降到17.4%。换言之，2019年中国经济总量的82.6%已经是在国内循环消化，这意味着我国经济已经是以内循环为主体。

出口在GDP中的比重自2006年以来不断下降，反映了两个基本经济规律。

第一个规律是，一国的经济体量越大，内循环的比重就越高。现代制造业有很大的规模经济，一个小型经济体发展现代制造业，国内市场容量有限，本土可消化的比重偏小，生产出来的产品绝大多数只能出口。反之，经济体量大的国家发展现代制造业，国内市场能就地消费的就多，出口比重就低。以新加坡为例，2019年的出口占GDP的比重高达104.9%，超过GDP总量，原因是国内市场规模太小，同时出口中有些零部件是先从国外进口，成品出口之后又计算一次。我国出口占经济总量比重最高的2006年也不过是35.4%，这个比例之所以不高，就是因为中国是个大经济体。

第二个规律是，服务业中的很大一部分不可贸易。随着服务业在整个经济中的比重不断提高，内循环的比重就会越来越高。同样是大经济体，美国和日本在2019年的出口占GDP的比重分别只有7.6%和13.4%，原因在于服务业占美国、日本经济总量的比重分别达到80%和70%左右。所以一国服务业占经济总量的比重越高，出口比重也一定越低。服务业的发展水平则与一个国家的经济发展、收入水平正相关。

从上述两个角度分析，我国的出口比重从 2006 年的 35.4% 下降到 2019 年的 17.4%，是因为我国这些年经济总量和人均收入水平都得到极大提高，服务业得到良好的发展。2006 年我国人均 GDP 只有 2099 美元，2019 年提高到 10098 美元。2006 年中国经济规模占全世界的比重只有 5.3%，服务业在 GDP 中的占比只有 41.8%。到 2019 年，这两个数字分别上升到 16.4% 和 53.6%。中国经济在世界经济总量中的占比提高了 3 倍，服务业增加了 11.8 个百分点，这两点变化很好地解释了出口占比下降，国内循环比重提高的背后原因。

展望未来，我国经济会继续发展，收入水平会不断提高。随着收入水平的提高，我国经济占世界的比重会从现在的 16.4% 增加到 18%、20%，再向 25% 逼近。我国服务业占 GDP 的比重会从现在的 53.6%，逐渐向 60%、70%、80% 逼近。在这两个因素的叠加之下，我国的出口占经济总量的比重会从现在的 17.4%，逐渐降到 15%、12%、10%。也就是说，国内循环占我国经济总量的比重会从现在的 82.6% 逐渐向 90% 逼近。所以，我国经济现在已经是，将来更会是以国内大循环为主体。

中央现在提出上述论断其实只是澄清了一个事实：中国是一个大经济体，随着我国收入水平的提高，经济规模会越来越大，服务业在经济总量中的比重会越来越高，国内循环的比重会越来越大。

澄清这个事实很重要！此前，国际国内都有不少人宣称中国是出口导向型经济。2008 年的国际金融危机爆发，国外很多人归因于全球贸易不均衡，进而又归咎于中国推行了出口导向型的发展战略，美国也以同样的说法把自己的原因造成的不断扩大的贸易逆差归咎于我国。这些都是因为没有看到中国经济实际情况的以讹传讹的看法。

同时，如果再错误地把中国看成是出口导向型经济，当中美贸易摩擦或像新冠疫情等其他不可预期的原因影响出口时，各界就容易判定中国经济要出问题。现在中央澄清我国经济是以国内大循环为主体这一事实，非常有利于我们认清发展的现实和规律，增强发展的信心。作为大经济体，只要我们能够把自己的事办好，依靠国内大循环，任凭国际风云如何变幻，都不会改变我国整体发展向好的格局。

二、国际循环跟过去一样重要

明确提出中国经济以国内大循环为主体，是不是原先“充分利用国内国际两个市场、两种资源”的政策定位就不重要了？其实一样重要。

我倡导的新结构经济学强调，经济发展要实现高质量，必须充分利用各个国家、各个地区的比较优势。具有比较优势的产业其产品不仅要在国内市场流通，也应该进入国际市场，才能实现规模经济，加快经济增长和资本积累。

按照市场汇率计算，中国是世界第二大经济体，2019 年经济总量也只不过占世界的 16.4%，这意味着国际上还有 83.6% 的市场，仍然需要充分依靠，来更好地发展我国具有比较优势的产业。

按照比较优势发展，也意味着我国在很多产业还不具备比较优势。中国许多自然资源短缺，一些资本、技术很密集的产业与发达国家比还有相当大的差距，也不具有比较优势。另外，随着经济发展、工资水平上升，我国过去很有比较优势的劳动密集型产业的比较优势也会不断消失。

在这种状况下，经济发展要降低成本、提高质量，就应该更多地利用国际市场所能够提供的比我国自己生产成本低的各种资源，包括自然资源、资本、技术和产品。对我国没有比较优势的产业和产品，能进口的就要多进口，只有少数关系到国家安全、经济安全又可能被卡脖子的高科技产品才作为例外。

对于哪些国家会卡我国的脖子要仔细分析。欧洲国家、日本、韩国在高科技产业有比较优势，但并没有维持世界霸权或争取世界霸权的野心。中国是全球最大的单一市场，上述国家要发展好经济也和我国一样需要充分利用国内国际市场和资源，为了更好地发展他们具有比较优势的技术、产品，不太可能拿石头砸自己的脚来卡我国的脖子。仔细想来会有此积极性这样做的是作为当今世界霸主的美国，虽然卡我国脖子，美国需要牺牲掉利用我国市场来发展经济的机会，但是面对我国经济快速发展，体量和影响力越来越接近甚至即将超越美国，拜登和未来美国的其他总统很可能延续特朗普采取的技术封锁措施。

那些我国没有比较优势的大多数高科技产品，并非仅仅美国有，欧洲、日本、韩国等也有。我们要如华为任正非先生所讲的那样，对各种高科技产品要有备胎，但是只要能买得到，而且比自己生产更合算，就要继续依靠国外来提供。这些国家为自身发展考虑，也乐意把这些产品卖给我们。只有美国独有，欧洲、日本、韩国都没有，我们实在买不到的极少数产品，才需要发挥新型举国体制优势自力更生。

从上述分析可见，我们以国内大循环为主体的同时，一定要坚持国内国际双循环相互促进。事实上，这也正是新发展格局的重要内涵。

三、怎样加快构建新发展格局

落实新发展格局，需要从三方面入手。

第一，用结构性改革挖掘发展潜力，拉长长板，补足短板。

在我看来，要实现以国内大循环为主体，最重要的是必须让国民收入水平越来越高，经济体量和服务业占比越来越大，随之而来的必然是出口比重下降，国内循环比重增高。怎样让收入水平越来越高，经济体量越来越大？从经济发展的原理角度来看，需要不断进行技术创新、产业升级。中国在这方面具有两大优势。

传统产业方面，2019 年我国人均国内生产总值刚过 1 万美元，跟美国 6.5 万美元、德国 4.7 万美元、日本 4.1 万美元相比，我国的收入水平较低。人均国内生产总值的背后是平均劳动生产率水平，也就是一国的产业、技术的平均水平。面对上述差距，传统产业作为成熟产业，意味着我国在追赶上还有相当大的后来者优势。除了美国外，那些有比我国高的技术、设备的国家也会乐意把其具有比较优势的产品卖给我国，否则没办法实现其产品和技术的价值。所以，我国仍具有通过引进技术实现技术创新、产业升级的后来者优势。2010 年我国人均国内生产总值按照购买力平价计算是美国的 19.2%，相当于日本在 1953 年、新加坡在 1970 年、中国台湾在 1971 年、韩国在 1980 年和美国收入水平的比例。利用这种后来者优势，日本、新加坡、中国台湾和韩国分别实现了 20 年每年 9.3%、8.4%、8.9% 和 8.4% 的增长。这意味着，到 2030 年，我国从后来者优势来说还有 8% 的增长潜力。

第四次工业革命方兴未艾，我国拥有前述东亚经济体在追赶阶段所没有的新经济革命的换道超车优势，在很多方面有条件和发达国家齐头并进。新经济中有的涉及软件，比如物联网、人工智能、云计算；有的涉及硬件，比如大疆的无人机、华为的手机。这些产业有一个特点，研发周期短，投入以人力资本为主。我国是人口大国，人力资本多。这些新的产业如果属于软件方面，我国有最大的应用场景；如果属于硬件方面，我国有全世界最大最齐全的产业部门和最好的供应链。这些优势充分反映在创业不到十年还未上市、市场估值已超过 10 亿美元的“独角兽”企业的数量。根据胡润研究院发布的全球独角兽榜，2019 年全球 494 家独角兽企业中就有中国的 206 家，美国是 203 家。截至 2020 年 3 月 31 日的全球独角兽企业有 586 家，中国有 227 家，美国有233家。

在供给侧，可以利用我们的优势拉长长板，补足短板。要实现此目标一方面必须靠有效的市场来配置资源、给企业家提供激励，另一方面要靠有为的政府来克服技术创新、产业升级方面必然存在的一些市场失灵。

第二，要深化改革，打通国内循环中的一些堵点。

中国的改革以务实的渐进、双轨方式进行，各方面改革的速度不一样，现在产品市场基本放开，但要素市场还存在很多结构性的障碍。

在金融市场方面，实体经济中的农户和民营的中小微型企业，税收占全国的50%，GDP占70%，就业占到80%以上，在国内以大银行、股票市场、公司债券、风险资本等为主的金融体系中金融需求得不到满足。金融要实现服务实体经济的功能，在改革中除了要继续完善现有的各种金融制度安排以外，还需要发展能为农户、中小微企业更好地提供金融服务的地区性中小金融机构，补上金融结构的短板。

在劳动力市场方面，要推动户籍制度改革，要解决高房价问题，让房价回归“房子是用来住的，不是用来炒的”的定位，以利于人才流动。

在土地市场方面，要落实农村集体土地入市的政策，增加工业用地、商业用地和住房用地的供给。

在产权方面，要落实“毫不动摇地巩固和发展国有经济，毫不动摇地鼓励、支持和引导民营经济的发展”，让民营企业在市场上不受因为产权安排的不同而形成的准入或运营方面的障碍。

第三，要扩大开放，更好地利用国际资源。

我国在开放上推行的也是双轨制，有比较优势的产业开放外商直接投资，没有比较优势的产业外商投资受到许多限制。随着我国的快速发展，资本的积累，许多原来没有比较优势的产业已经变成具有比较优势，除了少数涉及国家安全和国计民生的产业外，现在应该扩大开放以更充分地利用国际资源。要扩大自由贸易试验区的范围，降低关税，缩小外国投资的负面清单，在自贸试验区试点成功的政策要向全国推行。

在国际上应该更积极地推动世贸组织的改革，参加一些区域性的经济合作协定。比如最近刚刚签署的 RCEP（区域全面经济伙伴关系协定），再比如中国和欧洲正在谈判的中欧投资协定。此外，我国已经表示有意愿加入 CPTPP（全面与进步跨太平洋伙伴关系协定）。

中国的开放还有一个好处，国际上其他国家也能更好地利用中国的市场和资源。中国作为世界上最大而且发展最快的市场，能够给其他国家提供发展的机遇，这些国家就不会轻易加入美国封锁中国的行动。如果美国想孤立中国，被孤立的反而会是美国自己。所以，进一步扩大开放也有利于化解我国目前遭遇的不利国际局面。

四、结语

总体来讲，面对百年不遇之大变局，我国要保持定力，认清形势，在新发展格局中，利用国内大市场的优势，做好自己的事，继续深化改革，扩大开放，充分利用我国的发展潜力。这样，不管国际上有多大的不确定性，中国都可以保持稳定和发展，实现到 2035 年建成社会主义现代化国家，到 2049 年建成社会主义现代化强国的目标。中国的发展不仅有利于中国，中国的发展也有利于世界。

目录

CONTENTS

下　篇　构建新发展格局的战略重点

上　篇

新发展格局的
历史逻辑与理论逻辑

试论双循环

刘遵义（香港中文大学教授）

一、引言

2020年8月24日，习近平总书记主持召开经济社会领域专家座谈会，强调“要加快形成以国内大循环为主体、国内国际双循环相互促进的新发展格局”。

借此机会，笔者尝试探讨“双循环”的概念。双循环分别是“国内循环”和“国际循环”。循环是指供给和需求的相互满足。从1950年到1978年改革开放，中国基本上只有“单一循环”，即“国内循环”。在20世纪50年代，与苏联和东欧前社会主义国家间的易货贸易也十分有限。这一部分是由于朝鲜战争后以美国为首的西方国家对中国实施贸易禁运，一部分是由于从20世纪50年代后期开始，中国与苏联之间产生争端。

在1978年改革开放后，中国重新开始了第二种循环，即“国际循环”。这可以看作是中国“双循环”的恢复。但是，改革开放初期的主要重点仍然是国内循环。此外，也有意分离了两个循环。例如，外国直接投资（FDI）企业在中国经营的“加工和组装”制造业务必须进口其所有设备和其他投入，有时还需要自己发电，以免在国内层面产生任何投入上的需求；同时，出口其所有产出，以免在国内层面增加任何供给。这种分离使中央经济计划能够像以前一样继续发挥作用。

因此，在20世纪80年代及90年代初期，双循环是完全独立、彼此互无联系的。在一个循环中生产的商品和服务不能用于供应另一个循环，反之亦然，“两者永远不会相遇”。

唯一的共同联系是“加工和组装”业务雇用的劳动力以及经济特区政府提供的土地。但是，由于中国劳动力供大于求，外国直接投资企业雇用劳动力不会影响国内劳动力市场或工资率。当时，土地也处于过剩状态，而外国直接投资承租人在任何情况下都不能将土地用于其他任何目的，因此也不会影响国内经济。这些安排的目的是让国内经济完全不受任何可能的国际动荡的影响。

改革开放初期的双循环可以描述为两个不相交的圆圈，一个代表国内循环，另一个代表国际循环，彼此之间几乎没有任何重叠。主导的循环仍然是国内循环。

二、双循环的演变

图 1 显示了 1960 年至 2019 年中国商品和服务进出口占中国 GDP 的百分比。显然，在 1978 年改革开放之前，中国国际贸易在 GDP 中所占比重仅有一年超过 10%，在 1960 年至 1978 年平均占比仅 7.1%。1978 年至 1994 年，人民币汇率经历了一系列调整，最终使人民币成为经常账户可兑换货币，并于 1994 年 1 月 1 日起大幅贬值（参见图 2）。其结果是，出口开始增长，外国直接投资开始流入中国（参见图 3），使中国成为出口的生产基地，利用了其低成本（特别是以美元计算）的劳动力优势。1993 年，外商对华直接投资在中国国内投资总额中所占比重达到 15% 的峰值，但此后一直下降，到 2019 年降至仅 3%。这反映了在国内投资总额中，来自国内的投资有所增加（参见图 4，国内投资总额在 GDP 中所占比重随时间增长）。

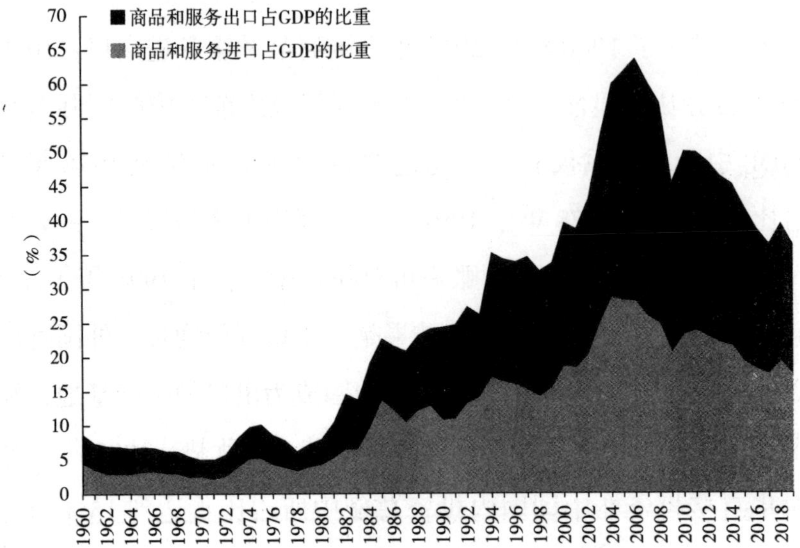

图 1　中国商品和服务的进出口占 GDP 的比重

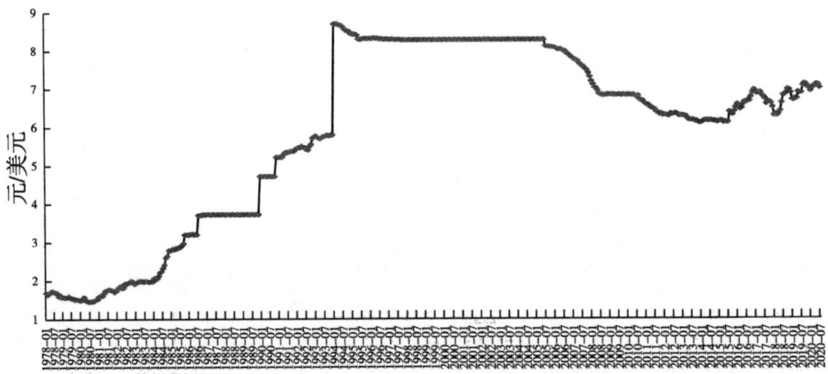

图 2　1978 年至今人民币名义汇率

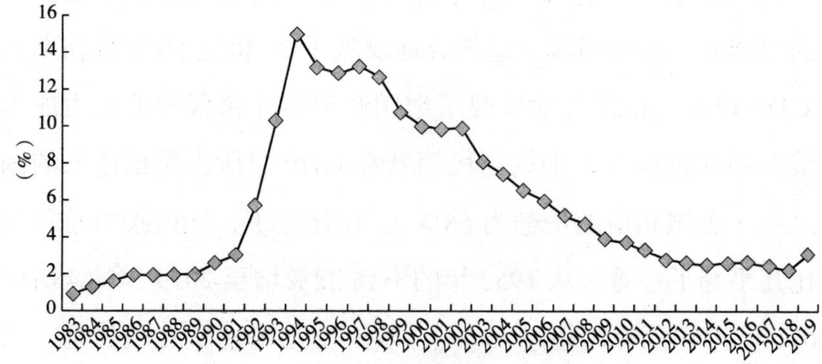

图 3　外国直接投资占国内投资总额的百分比

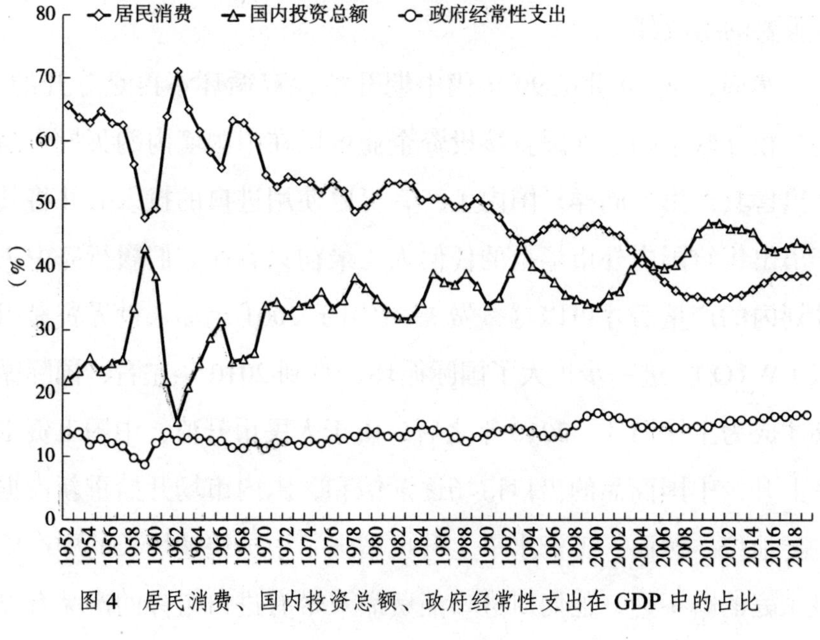

图 4　居民消费、国内投资总额、政府经常性支出在 GDP 中的占比

在图 4 中，笔者列出了国内最终总需求的各个组成部分：居

民消费（C），国内投资总额（I）和政府经常性支出（G）。如图4所示，居民消费占GDP的比重从1952年的65.6%下降至2019年的38.8%，降幅明显，这部分地反映了20世纪50年代初期人均GDP较低，也部分地反映了中国政府多年来保持低人力成本政策。中国是世界范围内居民消费在GDP中所占份额最低的国家之一（美国相应的份额为68%）。相比之下，国内投资总额的占比几乎翻了一番，从1952年的不到22%增至2019年的43.1%（2011年达到顶峰时超过47%）。政府支出的比重比较稳定，从1952年的13.5%逐渐增加到2019年的16.6%，在2000年达到16.9%的峰值。这意味着在中国，国内投资总额仍然是总需求中最重要的组成部分。

然而，从20世纪90年代中期开始，双循环不再是分开的，而是相互联系的。外国直接投资企业可以在中国境内购买投入品并出售其产出。同样，国内生产者可以使用进口的投入品并将其产出出售给国内外市场上的任何人（最初只有在它们履行完中央计划内的产量后才可以这么做）。中国于2001年加入世界贸易组织（WTO），进一步扩大了国际循环，直到2010年左右，国际循环才成为主导循环。2010年之后，由于人民币升值，中国工资水平上升，中国商品的出口市场逐渐饱和，国内市场开始重新占据主导地位。然而，工资水平上升也增强了中国快速增长的中产阶级家庭的购买力，他们对进口消费品及带有进口组件的产品有显著需求。

衡量双循环相对规模的一个有用指标是国际贸易［商品和服

务的出口（X）与进口（M）之和］与国内交易［居民消费（C）、国内投资（I）和政府经常性支出（G）之和］的比率。如图5所示，在1980年之前，国际循环相比国内循环仅是很小一部分。在1980年至1993年，该比率从10%增长到25.7%。1994年，人民币经历了大幅贬值并成为经常账户可兑换货币，该比率从25.7%跃升至35.7%。此后一直保持在该水平，直到2000年中国加入世贸组织。当人民币再次开始升值时，在2006年达到68%以上的峰值。随后，在2008年至2009年发生了全球金融危机，现在已经回落到36.7%，与20世纪90年代后期的水平相当。这个比率大概是国际化的一个可维持的水平。多年以来，中国国内需求的重要性也日益提高。中国经济不再只是作为世界工厂，也已成为世界市场。

图5 国际循环与国内循环之比

在改革开放之前的几年，有可能是由于人民币汇率被高估，国际循环的相对重要性被低估。而由于缺乏可靠的外汇支付来源，被高估的汇率也会抑制出口，从而间接抑制进口。

三、是否有可能完全封闭，完全自给自足？

尽管原则上可以实现一定程度的完全封闭和完全自给自足，就像中国在 1978 年改革开放之前大部分时间里所做的那样，如今的朝鲜似乎仍是如此。但是从经济的角度看，这种做法是绝对不可取的。两个贸易伙伴国家之间的自愿国际贸易始终是双赢的，因为双方的选择范围都扩大了，两国的福利必然是增加而不是减少，除非两国碰巧在每个部门和行业都具有相同的比较优势。因此，非自愿性地减少国际贸易始终是双输的。

中国一直是经济全球化的主要受益者，其贸易伙伴国也是。然而，尽管经济全球化为所有国家带来了巨大的利益，但它也在每个国家中塑造了赢家和输家。自由市场只会奖励赢家，而不会补偿输家。经济全球化实际上在每个国家都产生了足够的收益，因此，理论上，每个人都可以变得更好。但是，补偿本国“输家”的责任落到了每个政府身上。问题在于，大多数国家没有对输家做充分补偿，而中国则确保所有人都能受益。

如今，除非让实际生活水平大大降低，中国才有可能实现完全自给自足。在过去 40 年中，中国产品的质量有了很大提高，部分原因是与进口产品竞争并且“干中学”。然而，中国目前仍存在无法生产的产品，如大型飞机和先进的半导体。中国目前也存在国内产能无法满足国内需求的商品，如食品、石油、铜和铁矿石。这些产品和商品目前大量依赖进口。如果中国完全放弃国际循环，则意味着将没有这些产品和商品，或只有有限数量。

因此，回到单一国内循环并不符合中国自身的利益。中国确实需要自力更生，但自力更生不等同于自给自足。中国不能通过退出世界而获胜。与美国的经济脱钩并不意味着与世界其他地区的经济脱钩。为了维持国际循环，中国需要世界其他主要贸易国的支持，特别是欧元区国家。

图 6 显示了中国的食品、原油和半导体的年进口额，自 2000 年以来，这三类产品的进口呈现连续的大幅上涨趋势。2019 年，半导体进口额达到了 3250 亿美元，超过了原油进口额，占全部商品和服务进口的 13% 以上。

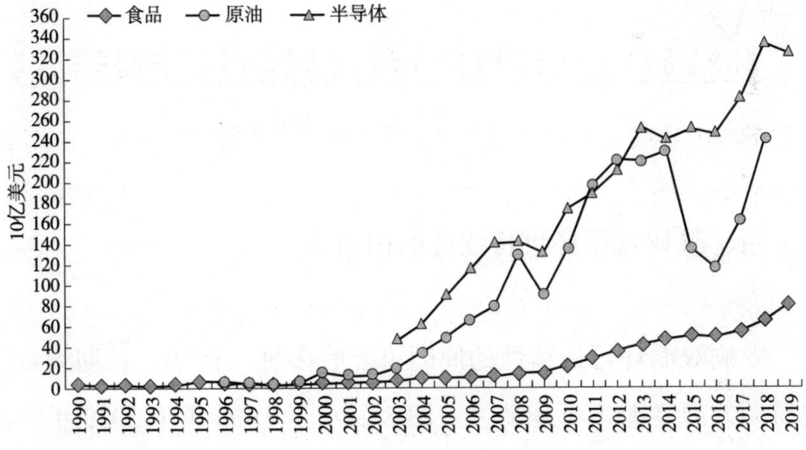

图 6　食品、原油和半导体的进口额

更重要的是，中国对特定大宗商品和货物的进口依赖程度。图 7 展示了食品和原油进口在国内总消费中的占比。如图 7 所示，食品供给并不依赖进口，在 2019 年，食品进口只占国内食品总消费的 6.5%。但是，原油却呈现完全不同的情况。2017 年是有进口量数据的最新年份，在这一年中，按桶或公吨计算，原油净进口占国内原油总消费的 70% 多。

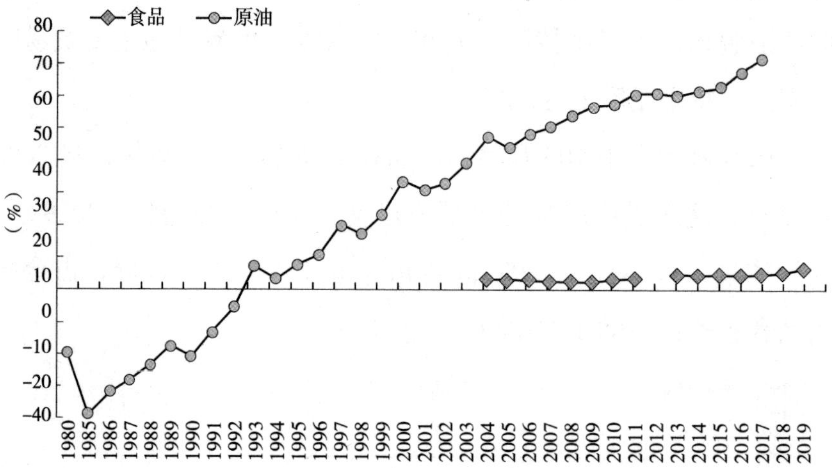

图 7 食品和原油进口在国内总消费中的占比

四、阻碍双循环可持续性的因素

影响双循环可持续性的原因可能有多种。例如，长期大量的贸易顺差或逆差不可能持续。图 8 显示了 1960 年至 2019 年中国国际贸易结余占 GDP 的百分比。1960 年至 1994 年，中国的商品和服务贸易结余平均为零。中国的贸易结余在 2007 年达到顶峰，超过 GDP 的 8.4%，但此后分别下降到 2018 年的 0.85% 和 2019 年的 1.7%。展望未来，中国的目标是实现接近于零的贸易结余。

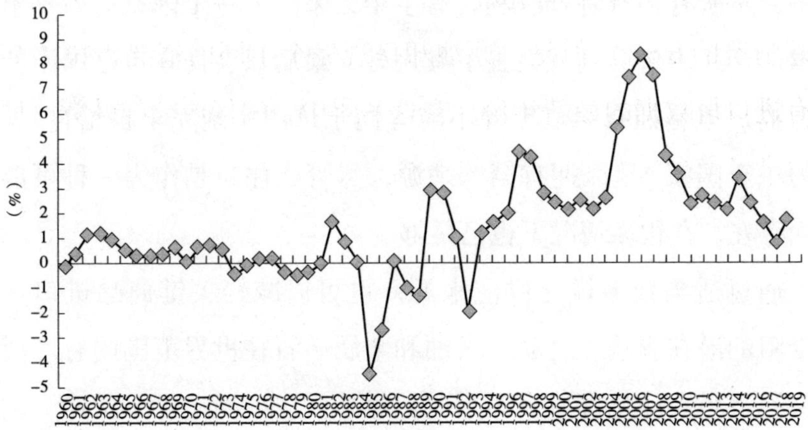

图 8　中国商品和服务贸易结余占 GDP 的百分比

如果关键的供应链被打断，双循环的可持续性也将受损。如果某些关键的产品或投入由于某种原因无法进口，就必须找到替代的进口来源或国内替代品。任何大国都不应过分依赖国际需求或供给，国际需求或供给可能由于许多不同的原因而中断甚至停止，尤其是不能依赖单一国家。即使供应商是在最友善的盟国中，仅依靠单一供应商仍有很高风险。可能破坏关键供应链的不可预见事件不仅包括贸易战和疫情，还包括地震、洪水、飓风、龙卷风和海啸等自然灾害，破产和大火等人为灾害，以及诸如三里岛、切尔诺贝利和福岛等核事故，更别提禁运、战争和其他地缘政治冲突与纠纷。

虽然第二来源会增加交易成本，但就像购买保险一样，既有净成本，也有益处。拥有备用的第二来源可以防止垄断，降低垄断势力和由此产生的垄断租金，形成更稳定、更具竞争力的世界经济，对所有消费者都有利。有了第二来源，一个国家对另一个国家的产品出口管制就失去了其用处，最后只会伤害自己国家的制造商。但是拥有第二来源不应等同于试图实现完全自给自足。在另一个国家 / 地区拥有第二来源，尽管往往只是作为一种可能性而存在，在很多情况下也已足够。

通过适当地多样化供应来源，也可以减轻关键商品进口可能受阻的潜在影响。食品、石油和金属矿石在世界范围内有广泛供应，适当多样化进口来源为避免意外供应中断提供了保障。例如，石油可以从非洲、中亚、拉美、中东、北美、俄罗斯等其他各地获得。储备库存是另一种选择，但从长远看，这并不是一个可持续的策略。此外，即使中国经济继续增长，中国对铜和铁矿石等进口原材料的依赖最终也会下降。旧汽车和卡车，用过的电缆和电线中的废金属可以回收利用，并且可以替代当前进口的大部分原材料，甚至纸张和木材也可以回收利用。这将使国际循环逐步过渡到国内循环。

然而，禁止从美国或其他国家向中国出口诸如先进半导体和半导体制造设备等关键产品的禁令依然构成了严峻的挑战。这些禁令难以在短期内轻易缓解。实际上，这对中国来说是一个“伴侣号”时刻。苏联在 1957 年将第一颗人造卫星送入轨道，当时对美国来说，是一个关键时刻，它促使美国加快本土创新，以实现这些行业的突破。这将需要大量的资金和时间投入。中国必须在这些关键行业中自力更生。为了鼓励创新，中国还必须加强对知识产权的保护。

在关键的核心技术中，自力更生实际上是惯例而不是例外。苏联、法国、中国、印度、巴基斯坦和朝鲜都在没有任何外国援助的情况下在本地发展了自己的核武器能力。1964 年，中国仍然非常贫穷，人均 GDP 低于 200 美元（按 2019 年价格计算），但中国仍得以成功开发了原子弹。如今，人均 GDP 已超过 1 万美元，中国应该能够找到确保自身先进半导体和半导体制造设备供应的解决方案。但是，这种必要的自力更生应有别于完全自给自足。

不仅对中国，而且对全世界来说，可持续性的另一个障碍与气候变化和全球变暖相关。在这方面，中国致力于 2015 年提出的《巴黎协定》，并很有可能在商定的时间表之前履行其义务。中国也一直在积极发展太阳能和风能等可再生能源。

可持续性还可能取决于可用劳动力的供给。中国劳动年龄人口（定义为 16 至 60 岁人口）可能已进入下降阶段。但是，至少在此过程中，中国可以通过适当地推迟法定退休年龄来解决这一问题。目前法定退休年龄女性为 55 岁，男性为 60 岁（退休年龄标准是 20 世纪 50 年代初期确定的，当时预期寿命在 60 岁左右）。鉴于当今中国的预期寿命更长，将 70 岁作为所有人的法定退休年龄似乎是相当合理的，尤其是与年满 60 岁提前退休的选项相结合。当然 60 岁退休的人与 70 岁退休的人在缴费确定型养老金计划下享有的退休福利将有所不同，60 岁退休的人将减少

10年的缴费时间，同时其养老金本金获取收益的时间也会缩短。

与此相关的是，我们应该扩展通过进口关税保护新兴产业的传统“幼稚产业”理论。传统的“幼稚产业”理论认为，一个新兴产业需要一定时期内的关税保护，以便有机会成长并能够参与国际竞争。但是，也存在另一种情形，一国被拒绝使用绝对必要的特定产品或技术，并且不能以任何价格购买该特定产品或技术。这种情况下，该国别无选择，只能尝试自己生产。此类生产可能需要在启动阶段提供补贴，直到该产品生产成本约等于国际市场价格为止。在国内没有该产品生产的情况下，国内和国际循环都可能受到阻碍。因此，对于传统的“幼稚产业”，采取关税保护可能是合理的，而对于扩展的幼稚产业，补贴可能也是合理的。

五、结论

给定中国经济的生产能力和消费潜能，双循环——以国内大循环为主体、国内国际双循环相互促进——的可持续性显然是可行的，但也需要克服外国对关键产品和技术的出口限制，而这需要时间。

扩大居民消费在中国总需求中的比重是当务之急。这就需要增加劳动在GDP中所占的份额，进而需要提高平均工资水平。低工资政策是中国过去所有非农业工人直接或间接由中央和地方政府雇用、工资水平由中央决定的遗产。如今面临的挑战是如何在不引起大规模工资通胀的情况下改变低工资政策，而工资通胀有可能导致大规模商品通胀。

但是，中国人改善生活的需求不能完全通过私人家庭消费的增加来满足，还需要在中央和地方政府的支持下增加公共消费，包括环境保护和恢复，创造和维护青山绿水，提供可负担的医疗保健和老年护理，为所有人提供足够的社会保障网络。政府还必须承担起责任，支持中国本土创新能力的扩展，尤其是通过基础研究，以确保双循环的可持续发展。

如前所述，只要经济开放，就会不断创造“赢家”和“输家”。自由市场体系本身不会补偿输家。政府的职责是对“赢家”的收益征税，并以此补偿“输家”。除非“输家”得到补偿，否则他们将反对经济全球化，倾向于贸易保护主义和孤立主义。

中国在消除贫困方面已经取得了令人钦佩的成就。在过去40年中，中国有8亿人摆脱了贫困。到2020年底，中国实现全面脱贫！因此，中国可以自豪地说，中国没有“输家”：与1978年相比，每个人都是“赢家”。减轻和消除贫困不仅可以促进收入分配公平，而且可以增加居民总消费需求，因为低收入家庭的边际消费倾向更高。

如今中国面临的最大风险是再次与世界其他国家隔绝。中国必须继续积极参与世界经济，贡献自己的力量，维护国际秩序。中国可以认真考虑与志同道合的国家相互实施三个零战略，即零关税、零非关税壁垒和零补贴，当然同时不排除“幼稚产业”的例外情况。

经济内外循环格局的形成与演变

马晓野（中国 WTO 研究会理事）

党中央提出构建以内循环为主体，国内国际循环相互促进的新发展格局后，经济圈和学术圈的热搜词是扩大内循环。对国内国际经济环境重大变化进行思考时，人们的第一反应往往是直觉性的，而直觉来自过往的经验。经济直觉很重要，但是对这种重大的外部情况变化，我们除了 1949 年的经验之外，自改革开放以来我们还没有可以参考的成型经验。与苏联交恶则是两个同类型计划经济体之间的事情，对于当前的情况借鉴意义不大。一个涉及社会经济形态较大变化的政策出台后，如果能够伴随着有益的讨论，会有助于政策目标的实现。舆论圈里有些讨论是没有实际意义的，而执行层针对实施政策的讨论则很有必要。讨论可以帮助我们弥补经验直觉的不足，有利于在政策调整中做到趋利避害。

大致区分一下，形成内循环为主体的发展格局，有两个不同的路径：一是通过调整令人生畏的、牵连较广的社会经济利益安排，通过建立新的社会契约，结构性地提升内循环经济消费方的可支付能力；二是直接对现有的分隔内外循环的政策措施进行调整。走第一种路径，需要对经济社会改革的联动影响和负面冲击效果多做思考。走第二种路径，决策者需要时时清醒自己在做什么，想清楚历史告诉我们应该做什么。结构性地释放经济潜力和具体的调整内外循环分立的政策，是两个完全不同的思考方向，一旦做出选择，会生发出大相径庭的政策效果。中央明确指出，新发展格局不是封闭的“自循环”，但在具体的政策实施过程中还是要防止调整的结果错误地导向“自循环”的泥沼中。

关于新发展格局的学术讨论，要讲状态，讲因果，讲规律，而具体政策讨论要更实在一些，讲的是利益调整的取舍。宏大决策的理想目标与客观现实之间存在差距，这一点也不奇怪。一项宏大决策的成功落实，少不了依据经济理论进行推断，以及依据历史的政策过程和经验进行思考。区分上述不同的讨论，适当划分讨论界限是有益的。对涉及取舍和利益调整的实施政策问题，有必要通过研究还原历史场景，溯源政策演进的过程，厘清政策手段的现实效果，这样才会对下一步为构建新发展格局所进行的政策调整，提供一定的帮助。

对大部分没有政策过程经验的学者来说，进入这样的思考有些困难。40 年的改革开放绘就的宏大的经济发展图景，令人眼花缭乱。对于改革成功的经验总结大家都是耳熟能详，但是对于具体的政策出台和实施过程，许多人则不甚了了。比方说，国内外经济学家都在探讨：中国经济取得了持续高速的发展，一定是有什么事情做对了。可各方面给出的解释并不曾统一，而且林林总总的说法中鲜有从具体实施政策过程推演的令人信服的解释。在这方面经济学家似有认知短板。溯源就是从图画的底色开始去理解政策演进的过程，看清不同层次政策技巧和局限。而本文将聚焦于政策演进的历史脉络，旨在帮助大家分辨孩子和洗澡水，进而在新的政策调整时可以有所借鉴。

本文拟通过“记录—回放”方式介绍内外循环形成的过程及相关的政策演变，让关心这场讨论的各方深化对经济理论和国际经济循环的政策关系的认识。本文后面也将讨论一些更高阶的问题，但重点还是围绕内外循环格局的实施政策展开，以期各方能对未来的政策调整有所心得。

中国经济循环的情况是，内外循环在初期的设计是要相互隔绝，继而由外资的介入开始了两个循环外循环部分向内循环经济部分逐渐切入、共享国内市场的融合阶段。重要的事实是，两个循环基本上是分立的，而铸就这一状况的政策法规历经调整目前依然有效。

目前再谈经济内循环，恍如隔世。历史上中国济经循环经历过由内向外的过程。始于 20 世纪 80 年代的经济循环内外转向的基本理论和社会政策环境，值得花些时间回顾，这可以为我们进行有效的讨论提供事实基础。回顾基础理论，理清政策的演变，观察到达一定结点的政策偏好的变化，方能就政策主张、效果、手段进行有效的连续的思考，因为经济本身的发展就不是跳跃性的。

始于20世纪80年代的历史画卷是逐步展开的。“开放”的实施政策有先有后，有时互相促进，在一定阶段互为条件，也有时互为掣肘。政策过程并不像事后粗线条总结的那样三箭齐发：沿海对外开放，吸引外资，利用劳动力优势加入国际大循环，云云。而且，政策导入的过程差异造成的中国产业特点正是我们下一步畅通内循环需要重点面对的事实基础。一些作者已经陆续发表过历史溯源，按此思路添加一些事实与观点，对后来未经历过这一政策转变过程的经济研究人员、政策实践相关人员、企业家，会有些帮助。

一、初始状况

计划经济下的经济计划以产品的物理量作为管理目标。统计体系是MPS（物资生产统计），产值只是一个统计上的对应指标。用一句话简单概括改革开放前的计划经济框架下中国国际经济贸易理论是：通过对外贸易“互通有无、调剂余缺”。而这个工具性的“调剂余缺”是针对国内经济循环不能自行生产的具体产品逐年相机处置的。长期的外贸计划重点关心的是出口换汇的计划任务以及配套的银行贷款规模。

国际大循环理论的突破性贡献在于，让政策思路摆脱了原计划经济“调剂余缺”的实物量的局限，从经济生产要素的角度理解和思考经济发展。有人说这个国际大循环不是什么重要的理论发明。从经济学理论原创性角度看，这个说法也许是对的，但是经济发展的事实证明，把重要的基础理论导入中国经济政策制定中，的确是功不可没，甚至可以说是功莫大焉。

中国在改革初期的基本经济情况是：缺少资金（那时候还不许说资本，因为资本有剥削的嫌疑），缺少机器设备和技术，这使得一些重要的自然资源无法转换成制造业的要素投入。那时中国不短缺而且过剩的生产要素就是劳动力。在这一背景下，年轻经济学家王建根据这样实实在在的比较优势，提出了“两头在外、大进大出”的参与国际经济大循环的政策理论。这在当时引起了很大的争论，但也受到了高层的重视。这个理论能够在后来成为政策调整的理论基础，是因为它在经济改革还没有上路的情况下，抓住了经济理论的基本要素条件中可以利用的部分，使习惯计划经济专注于实物指标管理方式的经济管理者，通过辅助经济要素转向国际市场，使中国明显的比较优势得到了发挥。

那时候美国的劳动工资是中国工人的一百倍。中国劳动力价格比较优势十分明显。这么大的差值足以支付中国低素质劳动力的培训成本，管理欠效率的成本，远距离运输的成本，供应链低效的附加成本，以及全员聘用外方管理人员来华管理、运营企业的成本。

改革开放这 40 年，我们出台了许多政策促进出口贸易。其中劳动力要素参与国际经济循环就像古语讲的“纲举目张”的“纲”。其他政策也重要，有的政策还需要反复更新内容，比较而言大多都只相当于渔网的“目”，其长期作用以及对中国经济增长的影响，远不如“经济增长要素”参与国际经济大循环的功用大。这是理论上解释经济对外开放政策的重点词，而不是“利用剩余劳动力”这样肤浅的说辞。

二、为什么要“两头在外”？

后来人们在谈到当时的国际大循环理论时，经常会忽略了在当时引起争议较多的“两头在外”。这里讲的“两头”是指原材料供应和产品市场在中国之外。而当时对此提出疑虑的是部分政府经济管理部门，除了担心产品是否能被国际市场接纳之外，还担心原材料、零部件对国内类似产品行业的冲击，担心会导致“一头在外”的局面。

从国际国内统一的经济观察视角，将内外两个经济循环体系过程的要素进行政策衔接，便利企业将内外经济要素进行跨境组合，“两头在外、大进大出”是基于中国当时的经济社会政策现实提出的正确思路，“两头在外”的实施政策就得关照到政策冲突的方方面面。初期的“两头在外”政策设计，要求外循环部分从原材料到成品再到工厂设立、管理、运营都隔绝于内循环经济部分。

当时中国的现实是：有生产单位但是没有市场经济意义上的企业，也就没有关于企业设立和管理的任何成型法律；除了大集体、乡镇企业外，当时还不能设立私人企业，也就不可能有外资企业存在的空间；生产原材料供应都在计划管理系统当中分配；没有计划外的资金渠道，没有外汇兑换渠道；在生产和销售方面没有任何有意义的竞争；政府对物价实行管控。如要将中国劳动力要素与国外的原材料供给和市场需求进行跨境组合，必须对上述情况做出适当改变才能使政策落地。“两头在外”运营的外资企业主体，在当时只能是外资企业。

当时较多关注政治经济问题的学术界则因为邓小平提出的“不争论”的主张，而对剥削问题可以暂时不去纠缠。按经典的国际经济理论分析中国劳动力的比较优势，很少会有异议。这才使得政策部门可以别无旁顾地去想办法落实这一“两头在外、大进大出”参与国际经济大循环的设想。但是，政府需要同时特别小心处理好保护国内工业这一政策边界。

王建是当时国家计委下属的研究人员，他的位置为他提供了恰到好处的政策视野，使他能把经济理论与政策研究打通。因为环境所限，他人很难做出王建这样的政策贡献。其他只接触经济数字，无法深入经济政策过程却努力提政策建议的学界朋友会感到较难进入状态。

三、中国经济要素加入国际经济大循环有一个相当复杂的“摸石头过河”的政策试探过程

《春天的故事》的歌词中讲的一个老人在南海边画了一个圈，改革开放就一路向前，那是高度艺术抽象的美声唱法，强调的是

改革开放的政治意愿起了关键作用。这歌曲并未反映出背后复杂的政策过程。随着改革开放一路走来的政策实践人员普遍同意说，中国制造业今日的成功是不可复制的，这种说法的依据是：政策调整过程有“不可化简的复杂”的特性。

中国制造业能够达到现在的内外循环状态，是依从了比较优势理论，先确定了总的“两头在加入国际大循环”的目标，再经过十分复杂的、一系列的内外政策手段调试才有了目前的成功。这其中实施政策调整的内容比较广泛。经过了很多的政策创新和政策试错，才使得基于比较优势理论的政治决策得以逐步在制造业行业稳步推行并产生了突出的效果。

现在强调以内循环为主体，也是审时度势做出的新的战略决定。执行、落实这样的战略决定，与学术上依据目前产业状态来分析政策转向的影响，进行理论验证和对接，是并行不悖的必做工作。现阶段对过往参与国际经济循环的政策调试历程做梳理，有助于“加大内循环”的政策转向的设计，有助于避免政策目标与政策手段的脱节，也有助于防止政策超调。

当初能够做出这样的“开放”举措，很重要的社会经济原因是城市就业问题和农村劳动力剩余问题，单靠国内经济自循环根本无法解决。只有打破经济自循环，社会政治经济生活中的痛点、弱点才能够反转，把那么多的嘴变成那么多双手，才能够实现生产要素的国际比较优势，经济增长才有了新的出路。

理想中的新的政策目标本身，不会通过政策宣示自我实现。政策目标需通过以下具体的实施政策手段，即政策过程来推进。

了解了这些政策历史过程，可以更好地了解目前中国经济循环问题的现状。让我们通过下面的这几点回顾了解一下复杂的政策创新过程。

第一，改革开放之初，中国在没有本国企业法和公司法的真空状态下，制定了中外合资企业法、中外合作经营等三个外资企业法。另外专门针对参与国际经济循环的需要，制定了来料加工、补偿贸易的管理的法律规定。然后在后续配套的实施条例及细则规定中，又对水、电、劳动力指标，进口设备税务，管理人员办公设备，外籍人员留华等都做了变通管理的规定。外汇管制也逐步开了专项口子。中国有比较优势的经济要素加入国际大循环由此开始起步。

第二，出于保护国内民族工业的需要，一开始利用国内比较优势参与国际经济大循环时，严格守住“两头在外”的原则界限。原材料、生产用设备都在保税状态下虚拟进口，产出的产品完全不进入国内市场，经加工后径行监管出口，甚至边角余料也不得随意内销。2020年度世界银行的发展报告是一篇关于全球化背景下多年国际价值链生产的专论。报告观测到，在全世界各国都是以进料加工为主参与国际价值链生产，而中国却是以来料加工为主。为什么会这样？这是我们长期执行内外循环隔绝，保护国内内循环部分经济不受或少受外来冲击的管理政策的实施效果。

以经济要素对接国际市场为目标，以“三来一补”业务为先驱，以外资企业的法律存在作为落地形式，一旦在公有制计划经济的水泥板上出现了政策空间，市场机制的作用就开始萌发，然后市场的作用开始推动政策快速演进。

一些旨在补偿当初外资（主要是“三来一补”企业）得不到计划内优惠，外资企业不得不在供给稀缺的不完全市场上另行协商解决生产需要，政府在初期给予外资企业补偿性的所得税税收优惠政策，在后来国内市场逐步发育、计划逐步退出的形势下，反而成了外企的“超国民待遇”。渐次，政府又对外资税收政策作了相应的调整。客观地看，这一类逐步退出优惠的“逆向”外资政策调整的对价，是对外资更多地放开了国内市场。政策调整的效果之一是将两个循环的边界进一步模糊了。国内外分立循环的市场互相融合部分的“带宽”加大了，让有比较优势的中国生产要素进入国际经济循环带来的新情况是，在市场的推动下，经济政策需要调整的方面越来越多，这也给更深层次的制度性改革提出了新的要求。

第三，我们的外向经济部分规模大，对外经济占 GDP 的比重在峰值年份达到了 67%。其中封闭运行的外循环部分占比很大。时至今日，中国经济的内外两个循环分开的痕迹仍然明显，区隔两个循环的政策手段仍在有效实施中。还不能说中国经济已经基本解决了内外循环的共生和融合问题。

通过回顾历史，突出提到这一点是想提醒，设计新的促进经济内循环的实施政策时，应该防止累及国际循环，这方面的政策需要稳定并持续改善。对这一点中央的政策表达是比较明确的，关键是在新政策手段的设计上应予较好的落实。

四、经济外循环设计专项政策与国内经济改革

经济改革是渐进的，要在保证内循环部分的主体尽可能地少受外部经济干扰和冲击的情况下，容纳外循环经济部分。

国内既有的国有企业要在不许倒闭的前提下逐步脱离计划管理，而同时计划经济性质的以最终产品数量为考核指标的产业政策仍需通过国企来落实，所以寄予厚望的大规模地对国有企业的技术改造仍要推进。在这样的约束条件下参与国际经济循环，就需要“两头在外”的外向型循环的管理政策，尽可能地隔绝国内外循环。要兼顾两个看似不相容的政策目标—保护国内产业和以比较竞争优势的经济要素与世界市场对接，隔离运行就是唯一的政策选项。

在具体实施开放政策的初期，先是建立了一套适应“三来一补”参与国际大循环的海关保税监管制度。这实际上是建立了一套“境内区（海关关税区域）外”的单独关税管理区域。这也可以说是主权管辖内的“经济国中之国”，这和经济特区还不一样。当然，这也是国外其他主权国家有益管理经验的移植，是国际通行的做法。

当这一体系与设立特区政策走到一起之后，参与国际大循环

就在特区内很快成了气候。[①]

中国的经济体制改革在一开始就有“条条”和“块块”两个路径。“条条”管理进出口及海关制度，这是中央的事权。地方属于“块块”，对经济发展机会与中央大一统的政策的衔接有较深入的观察体验。扩大外循环政策更重要的区域突破来自广东和福建。广东积极创造条件，成功地游说中央政府允许省内“三来一补”开放方式落地，全境参与国际经济大循环。分析比较所见，一旦外向型的加工贸易管理在全省落地，广东、福建两省与经济特区的管理政策差别就很小了。再后来，中央又允许“十四个沿海开放城市”步经济特区的后尘，可以沿用“三来一补”政策参与国际经济循环。

经济增长和就业需求的压力使得地方政府以很大的热情推动外循环部分的规模扩大。招商引资甚至补贴措施都是为了扩大经济要素与国际经济循环的对接。从制度设定方面去理解，这些特殊地区政策的关键在于，这些地方享有通过监管下的加工贸易便利，将经济增长要素的比较优势参与了国际经济大循环。

从产业发展角度看，“三来一补”这项直接连接生产要素与较高质量的国际价值链的政策手段，为制造业产业赶上国际制造业发展步伐，提供了重要基础条件。内陆省份、中西部地区纷纷要求设立内陆海关。这样一来，与国际市场接轨的加工制造业得

① 早期的特区发展先成为计划资金、关税优惠与配额的特区，但这些都与外向型的参与国际经济大循环关系不大，为此曾受到不少的质疑。中国在 WTO 谈判时介绍，特区不是政府推动出口的补贴特区时，就举出了相关统计数据，谈判对手为此大跌眼镜。

以向沿海以外地区扩散。在这个过程中，国务院口岸办公室根据参与国际经济循环的产业需求和贸易扩展情况，循序渐进扩大政策基础设施，在境内所有有条件的地区逐步批准境内关外隔离管理便利，以支持更大的区域参与国际经济循环。中国经济更紧密地与国际市场接轨，外循环经济中的制造业有了地理梯次的演进，中西部也可以继沿海之后依照比较优势参加到国际经济循环中去。

五、初期的单向“开放”与参与国际经济循环的“带宽”扩容

如前所述，中国经济参与国际经济循环一开始只是单向开放。为了保护内循环经济部分的制造业产业，国内外两个经济循环分立，可以最大程度屏蔽开放的外循环对经济内循环市场的影响。后来，由于国内资本稀缺现象持续，吸引外资政策在原“三来一补”的基础上进一步放大，外循环独木桥进行了渐进式的加宽。下面就是“带宽扩容”的政策变化过程。

随着进口许可证的大幅减少，保税加工监管也出现了进一步的松动。一部分非最终产品形态的外资保税加工产品，在审慎政策协调基础上经补税后，也有可能在“以产顶进”的安排下进入下游生产企业的采购渠道。实施政策的延展在制造业封闭的外循环政策安排上打开了缝隙，这时才把在“境内关外”渐渐成长起来的原料、紧缺的关键零部件有控制地纳入了国内市场的经济循

环过程中，以满足不断增长的市场需要。

这些渐进的中间政策变化又反过来提示制造业外资，可以通过变身而正式进入内循环当中——从事“三来一补”加工贸易的外资企业可直接以内资待遇的子公司方式，平行设立一个具有同等能力的内资企业，在避免“违反三来一补”规定的政策风险的前提下，满足国内市场的需求。

当跨国公司认真考虑建构更合理的国际价值生产链的时候，我们的整个外向经济循环体系和管理政策也予以配合，从提供便利的角度适时进行了跟进。此时的外循环思路已经不再拘泥于当初的政策构想起点。

对外循环政策的带宽扩容，是一个持续的过程。国务院一个秘书长牵头的国务院特区办，在四个特区和沿海开放城市“切块”政策出尽后，工作内容就拓展到了协调开放区域（特区）内的外向经济循环带宽扩容。

实事求是地说，紧跟国际技术和管理水平的外循环公司享有较高的美誉度，更容易在中国市场扩展制造能力来满足不断增长的国内市场需求。主要参与内循环的公司，进入国际市场参与外循环，一开始要困难一些。多年的实践表明，外资企业在带动外循环经济的同时，通过技术和管理经验的外溢以及“适度”的竞争，促进了内资企业的能力提升。这原本是与严格隔离内外循环的预期政策效果不太相容的，但又是一个与时俱进的可喜的现象，也是开放促进企业进步的非政策设计的意外收获。

中国制造产业整体上在与国际市场接轨的锻炼中得到了提

升，原来遵循“两头在外”原则设计的一整套政策也随着国内吸引外资政策的进一步变化而变化。“外来”的制造能力，以与国际市场接轨的技术和制造水平，加入了国内市场的循环，这类双循环运营企业左右逢源，成了市场上的强者。

六、双重政策目标是偏重于经济内循环部分的稳定，实施效果有得有失

内循环经济的制造业产业布局有赖于严格的两个循环相隔离的政策环境。改革之初，百废待兴，而中央文件描述说国民经济处在崩溃的边缘。国家还是得按照计划经济的思路，动用财政力量重新对国有制造业进行再投资。一项重大的制造业产业政策是，用了两期两个三年的时间，在全行业搞了6000多项企业技术改造。为保证大部分重新投资的国有企业能在内循环经济中顺利运转，高强度的全面保护是必须的政策保障。在关税方面，中国20世纪80年代初恢复了征收关税，此后关税水平在一路提高。中国的纺织服装业本应是最有成本竞争力的，在内循环“需要”的压力下，这一类别的平均关税反倒成了全税则目录中最高的：纺织服装全部类别产品的进口关税平均高达70%。机电类产品更是受到重点保护，例如电子产品中的台式计算机的关税高达100%。除关税外，管理进口的各种行政审批要求有33种，进口所用的外汇基本都要经过计划安排。具体政策落实在处理内外循环关系时，要考虑同时支持两个循环的双重政策目标。而中国的

情况复杂，有时不能搞一刀切，还需要一事一议。政策实践中发展出来的折中的处理方式是：一类情况一个适用政策，国务院为此先后发布了80多个对高关税进行特殊减免的文件，针对内循环经济的情况进行了动态管理。批评者现在看来这种做法近乎荒唐，但实事求是回顾这个过程就可以看出，非此不可能兼顾内外经济循环隔离的政策目标。

当时的内外循环分立安排是实行双重政策目标的需要：对外部开放自己优势的经济要素参与国际经济循环，对内部市场实行严格的产业保护，外循环部分不得越雷池半步[①]。

到了20世纪90年代中期，刚经过“技改”方式再投资的内循环经济部分的国有制造业企业又遇到了困难。内循环经济经过90年代技改，清理三角债等多种尝试，其间还不得不进行一轮大规模的所有制“改制”，内循环经济进步不小，困难还是不少。20世纪90年代中期，内循环制造业的设备利用率在50%以下。即使在这种情况下，统计反映有的年份GDP中，有一半是卖不掉的库存，经济循环阻滞十分严重。内循环不畅原因有各方面的，但是最主要的原因是经过改革，国内销售市场端在原材料双轨制的条件下开放了，而原来的计划经济传下来的以最终产品数量为指标的产业规划，与不断变动的市场实际需求不可能相符。在争夺政府投资资源的利益驱动下，制造业产业政策的固有问题，国企经营机制的改革方面滞后这些深层次的改革难题，都

① 有兴趣的读者可以去查一下，严刑重法下历年因违反“三来一补”加工贸易规定而被刑罚的人数和海关相关的罚没收入数字。

使得内循环经济有些举步维艰，而奇特的是这又反过来成了内循环部分不宜加大改革力度的理由。

经济体制改革过程中，作为国家经济骨干的国有企业的兴衰，是政府必须始终小心处理的问题。改革初期，为了重建制造业产业基础，政府在屏蔽国际竞争压力情况下，对国企进行了以技术改造为重点的大规模重新投资。对外开放的步骤必须对此加以配合，甚至要以此来设定开放的领域和开放的力度。而屏蔽国外同类产品竞争的手段是大幅提高关税，实行许可证进行行政审批，以确保两个循环尽量少地在国内市场相遇。长此以往，又使得内外两个经济循环的融合难以形成。通过两个循环融合提升内循环部分的市场竞争力，本来就没在对外开放政策的考虑之中。隔离政策依照惯性执行下来基本未变，内循环经济部分因为屏蔽了强的外来竞争因素，运转基本满意。负面效应是，在国内市场受高关税、许可证和进口配额保护的环境下，企业提高效益的动力不足。因为国际竞争压力很大一部分被外循环政策缓冲掉了，企业提升绩效的动力不足，国企运营机制的改革基本上是照猫画虎、内核不变，内循环经济部分的企业在舒适的弱竞争环境下乐于得过且过，运营效益提高不快。

毋庸讳言，内外分离的两个经济循环运行，有历史功绩，但弊病也很大。有这样的分割竞争政策就有不公平市场的后果，国企改革也因而可以在弱市场竞争条件下一再后推。经济整体运营效率的提升一定被拖累。

有一个现象是，吸引外资政策撬开了内外经济循环非直接竞争产品类别的隔离政策边界，间接促进了内循环企业保护性政策的退出。随着吸引外资政策的再放开，审批权限的下放，地方政府在吸引外资上的竞争等促变因素起作用，相当一部分外资企业能够迂回到高关税和行政审批构筑的进口贸易壁垒后面。国内市场渐进地感到外资企业进入带来的市场竞争压力。

外资进入国内市场是在行政审批控制下逐步实现的，内循环经济部分感受到的竞争压力也是逐步增强的。外资企业“后门攻入”内循环市场，在高度保护的市场内逐步增加了竞争力度，这对中国加入 WTO 承担大幅度消减进口壁垒的开放义务，进行了很重要的预热准备。

与前苏东国家的经济改革相比，中国的成功之处就在于“渐进”。中国两个相互隔绝的经济循环的部分融合，是随着逐步开放外资的政策节奏，经过了一个徐徐的渐进过程。各项对外开放政策之间互为条件互相促进，给内循环经济部分带来了提升竞争能力的必要压力。这也是政策设计未曾料想的意外收获。

七、实施效果与内外循环状况

半封闭的外向型循环经济部分，曾经是中国制造业对标国际、进行技术提升的重要接轨场景，是大规模培育产业集群的基地，是向内循环部分外溢生产技术、管理经验等驱动进步因素的重要来源。这些常年积淀下来的、与国际直接接轨的制造业产业集群，比产业政策支持下的内循环为主的企业的市场竞争能力要强一些。这些产业集群是中国制造业竞争力的突出亮点。

中国的开放政策（外资加外向型经济循环）成绩斐然。据统计，全世界制造业各个领域排名前十的巨头基本都在中国市场有投资。这些投资项目基本上都是同行业企业中的“排头兵”。中国市场已经成为全球汽车工业竞相推出新车型的首发市场。在中国对外关系变得全面紧张以前，欧盟在华商会和其他外国商会已经接近形成一个共识，“在中国，为中国”（In China，for China）。从产品研发开始就关心中国市场，不再把中国作为全球布局中的三四线市场。欧盟等重要的中国经济伙伴，多年来积极与中国政府进行投资谈判，希望成为中国内循环经济的一个不受歧视的部分。

外循环经济，特别是“三来一补加工贸易”对物流效率的苛刻要求与管理政策在中国充分磨合并得到了满意的成效之后，中国逐渐发展成了全球运营跨国公司在亚洲的物流运营区域中心。物流中心与制造业产业集群的协同配合，使中国成了全球价值链生产和供应链运营中的重要一环，这也是中美贸易纠纷中双方投鼠忌器、难以割舍的共同利益所在。

八、从制造业产业角度观察当下经济内外双循环的一些特点

上面的历史溯源做了一些有选择的描述，目的是在斑斓的色彩中还原外向经济循环政策的底色。针对改革开放政策进行的大

时间跨度的文献总结，许多省略了政策过程而显得过于简单化。通过对具体政策过程的溯源，可深入理解一些各阶段的政策与经济背景，根据当时的政策目标客观估量得失，这对下一阶段政策调整向内循环倾斜有一定参考借鉴意义。

在国内外形势剧烈变动的时候，一方面要积极应对，另一方面还要防止政策的大开大合。毕竟，推石头上山难，踹石头下山会有一发不可收之势。加大内循环政策落地也应该要审时度势，逐步到位。

我们 40 年的对外开放有三个方面：发挥劳动力的国际比较优势，通过政策设计将无法跨国流动的劳动要素，随产品参与国际经济循环；有控制地逐步开放制造业外资企业政策；在一波相对长期稳定的国际市场环境中，合理地利用国际原材料供应和市场容量作为我制造业产业发展和经济发展的重要条件。在这三个方面，终端产品管理、产业政策、优惠与限制政策有交叉，有隔绝，也有互相渗透和促进。

下一步对这些开放政策内容会做什么调整？政策调整的方向是什么？这是引起全社会关注的大事情。

中央明确提出对外开放是坚定不移的。这个政策目标陈述还要结合拟出台的政策手段来观察，才能判别对具体行业的影响。业界关注的是，应对来自美国等外部的政策冲击会使政府做哪些调整。有关政策会减缓还是放大外部冲击？如果放大冲击，会不会分阶段逐步到位。终究，分阶段、逐步到位是渐进式改革的成功经验。

九、中国已经是大国中最大的外向型经济，但经济循环依然有内外双轨运行分立的特点

第一，改革开放以来，中国经济取得了令世人瞩目的长足的进步。观察家和经济学者都在研究：中国经济的快速发展一定是中国有什么事情做对了。不可辩驳的事实表明，中国与贸易相关的工业制造业的高速发展，起到了首屈一指的作用。统计数据显示，中国对外贸易在整体经济中越来越重要。有关国际比较说明，中国外向经济对增长的重要性超过了“贸易立国”的日本。2008 年金融危机爆发前，在贸易重要且占比高的大国经济中，能与中国比肩的只有德国。

第二，专业人士通过海关统计就可以知道，海关进出口统计有一个专门的统计表是加工贸易统计。这个统计数字受贸易专家重视，但被许多产业政策研究者忽略。根据统计可以看出，政策引导下的加工贸易，常年占中国进出口总量的 50% 以上，多年来政府强调要提高一般贸易的比例，经过大力调动非加工贸易出口的积极性，才使得加工贸易到了 50% 以下。而在对美国的贸易中，加工贸易曾常年占到 70% 以上，有的年份直逼 90%。也就是说，独立于内循环经济的封闭、半封闭运行的外向经济循环地位特殊。

第三，参与国际经济循环的制造业外向型经济部分是与国内经济循环隔绝的。后来有了交集，交叉，部分融合等，但是国内

外市场分割的政策设定始终未有根本性的变化。这也是为什么业界专家在中美贸易摩擦中，一直在紧张地观察政策干扰对国际供应链的冲击。半封闭的外向型循环经济部分一直是中国制造业对标国际、企业进行技术提升的重要接轨场景，是培育产业集群的试验基地，它的外溢效应也是中国制造业从管理到专业技术取得长足进步的活的来源，它更是下一阶段全球第四次工业革命价值链的互联基础。

第四，内外两个循环之间未完全打通。上面简略提到各种观察都提示我们，参与国际经济循环的外向型经济部门的发展已经全面超越了当初的预期：通过国际经济循环发挥劳动力便宜的比较优势，释放剩余劳动力的政策目标。参与国际经济大循环的政策，是便利中国制造业超常发展的一项具有导向意义的重要经济政策。

无论从产品内外销的质量，价格档次，到融资便利，物流管理，产业园区的政策，到市场竞争管理等方面来看，参与国际大循环的部分和内循环的部分都有所差别。今天我们转向内循环为主的时候，理解了分开的经济双循环的经济现实和基本特点，才可以更好地考虑向内循环转向的政策手段应该怎么调整。

十、外部资本作为经济要素参与经济内循环

因为基本定义和非经济意义的模糊观点有较多纠缠，这里不拟在外资这个话题上涉猎充满争议的一些话题。但是在经济内外

循环问题上，外资问题又是一个不得不提及的特殊因素，只能单刀直入从要素角度做一描述。

资本是特别重要的经济生产要素。回溯性的宏观投资回报研究显示，改革开放初期 1 美元的投资可以取得 8 美元的投资回报。但是此前，中国对作为经济生产基本要素的资本，基本上出于反对剥削的理念予以排斥，更不要说来自于资本主义世界的外来资本了。从 20 世纪 70 年代计划经济后期开始，随着中国在联合国恢复地位，世界银行不设任何条件地跟随联合国的决定恢复中国的权力，中国开始接受政府项目贷款。以此开端，中国开始一步步地对外来资本问题重新考虑。

国际货币基金组织与世界银行一样，服从联合国的决定接纳了完全计划经济性质的中国。国际货币基金组织的多边出口信贷管理，得以与中国 20 世纪 70 年代对工业进行现代化更新的投资对接起来。当时中国自我划定的界限是：可以搞一点世界银行等边多金融机构的贷款。出口信贷最适合的目标领域是工业制造业的大型项目对华出口。自此多边金融机构的贷款从政府的基础设施，扩大到了国营企业的工业基础制造业。

中日建交中方放弃战争赔款，日方投桃报李，转而提供大量日元贷款。在中国存在着投资饥渴的大背景下，日元贷款做了初步试水性的突破。到了 1980 年，谷牧“利用外资”的谨慎提议受到了邓小平的支持，但是在具体的政策设计方面，靴子落地远没有想象得那么快。通过政府整体外债的管控，双边安排“利用外资”用于基础设施建设是一个渠道。与资源开发相配套，进一些设备生产外方需要的资源来抵偿设备款是另一套思路。在此基础上进一步考虑让外国商人自行进口生产设备，生产产品自行出口以解决部分国内剩余劳动力出路是第三种思路。

上述回顾说明了领导人开绿灯式的推动十分重要，摸石头过河首先得被允许下河。终究，如何对待来自资本主义世界的资本，是一个敏感问题。实践引领“非正式”的转变观念，国内也在不知不觉中把“资金”改称为“资本”，逐步减弱了对资本赚取利润的敌视。利用外资也演变成了吸引外资。

依据经济增长原理，资本、劳动、资源、技术和管理技能是根本的生产要素。摆脱具体实施政策得失和利益调整功过的评价，单纯从经济增长和要素以及经济循环这一角度思考，吸引外资实际上是将国外的资本要素引入到国内经济内循环中。吸引外资政策过程经历了下面所述的一步一步地演变：仅允许做政府负债；资本以外循环生产设备为载体的特设准入；外循环部分不脱离产品媒介，有控制地向内循环经济延展；超越原外循环准入思维的吸引外资思路，仍然坚持不放开内循环经济与外部资本要素的结合（仍维持较长的外资准入负面清单，仍然用不同的清单对外资进行全覆盖管理）。

尽管中国在吸引外资的统计数量上位居前茅，但是在国际经济要素参与经济内循环方面，一直是按行业状况有控制地逐步引进。到目前为止，中国对国际资本这一经济增长要素参与经济内循环仍持谨慎态度，外资开放领域基本上沿袭当初始于“两头在外”的制造业实体。后来的外资审查仍然重点关注内循环实体经济的市场竞争情况，一些领域的管理细化到项目、预计产能。

国内外资本市场隔离是一项长期坚持的政策。对外资市场准入的管控，方便了在国际利率上涨或下降的长周期过程中，屏蔽其对中国金融体系的影响，可以在施行相关政策时较少受外部资本市场形成的利率基准的制约，保持自己的金融政策和金融体系的稳定。但是，在国际利率进入较长的下降通道时，内循环经济的资本要素成本高于国外，势必抬升了基础的经济成本，进而影响到内循环经济的竞争力。

扩大内循环是否应该脱离原来的吸引外资思路，是否都应该从国际市场要素成本参与国内经济循环角度作新的政策思考，如何在变化了的形势下从新的角度进行利弊评估，这都是在重大经济政策调整时应予研究的问题。

回顾过去三四十年的经济体制改革的政策过程，我认为让劳动力要素与国际经济外循环对接，参与国际价值链生产的政策，在诸多对外开放政策群中起到了以“纲”带“目”的作用。过去的成功经验要认真发掘。生产要素的解放不同于边缘改动，在新的经济政策调整的当下，不妨认真研究一下作为经济增长要素的（国际）资本参与国内经济循环，是否能再一次起到“举纲”提振经济的作用，制约条件是什么，如何趋利避害。

十一、理解扩大经济内循的必要性、政策方向与制约条件

大国经济内部循环越活跃，抵御外部市场的政策环境变化的

能力就越强。根据加强经济内循环的决定观察具体政策动向，可以从经济和实施政策两个方面入手。一个思考方向是结构性地释放内循环部分经济的潜力，走的是抓主要矛盾的主要方面的路子；另一个思考方向是在目前双循环分立、有一定融合的政策框架基础上，观察政策效果，评估利弊，再行调整。

前者需要在多年改革留下的难点的突破上想出路。这从大的方向上符合中央以推进改革来应对外部条件变化的思路，但是真正推动实在是太难了。这40年改革与开放互相促进，国内经济体制改革走的是一条通过周边改革创造条件的渐进的路子，留下来的都是改革的难点，换个思路也是事关结构性释放经济活力的重点。在这一方面的研究和讨论并不充分。加之事关联动的配套改革涉及面广，需调整的利益错综复杂，在目前的条件下可能难以达成社会共识。另外，从操作层面看与以前不一样的是，这样的改革已经没有摸石头过河的宽松条件了，过河半途中很难歇脚和转向。这对改革的操作能力也是极大的考验。下面是一个具体的例子。

从经济循环角度看，内循环的困难点主要在于提高居民收入方面。十四亿人口中相当一部分人是低收入人群，这部分低收入人口的支付能力对经济内循环的影响是有限的。根据消费行为研究，三亿多中高收入人群如果再增加收入，也不会对社会消费有较大的贡献。因为他们的消费已经进入平台期，新增的收入大部分将用于投资而不是增加消费。从提高收入方面入手拉动经济内循环，必须要现行的社会政策予以配合。如果政府主导提高工薪阶层的收入，能够落到实处的是一些行政事业单位，国企也可能跟进，最终还是难以增加全社会消费能力。

根据市场经济国家的经验，若想改变社会财富初次分配中资本方强势劳工方弱势的状态，需要制度化的安排劳资双方就工资问题进行集体协商。这是解决社会财富初次分配难题最有效的手段。中国在市场化改革的初期，在相当长的时间里工资收入增长落后于 GDP 增长。通过税收进行国民财富的二次分配，只是对公务员和事业单位人员（包括国企职工）有直接作用。较低收入的非公企业就业人员在国家通过税收进行二次分配时，反倒是通过个人所得税向下平均了劳动就业群体的消费能力。

从各国的社会实践看，建立有效的社会利益博弈机制以改进国民财富初次分配，是提振社会消费能力的有效方法。中国国情不同其实是讲社会状况、管理方式和治理理念不同于其他国家。提升社会低收入人群的消费能力对于加强经济内循环至关重要，这也兼有对社会治理的难点进行改革的作用。

面对外部经济政策环境变化的压力，通过制度性安排下的经济利益团体间的博弈来快速提升内循环经济的消费端的支付能力，不是一个容易的政策选择。

十二、直接调整内外循环分开政策的难度在于“分清楚洗澡水和孩子”

如果出于求稳，较多考虑维持社会博弈结构不变，暂不考虑通过改变初次收入分配结构来进行经济结构性的调整的话，就只有在供给侧想办法这个选项了。如果不能做到改变有支付能力的社会需求进而帮助国内经济循环扩大，一时也做不到扩大总人口中有消费能力的人口比例，供给侧能做的贡献大体上是：更新或迭代原有的消费需求。而在“制造新的需求”方向上，供给侧的努力必会遇到总需求的制约。

我们要注意的是，中国制造业尽管表现很强，国内企业的设备利用率在新冠疫情之前平均达到了 70%。这是一个重要的成本相关指标。但是，为世界制造的中国，顶峰时期的平均 70% 的产能利用率与制造业的翘楚的那些国际一流大公司相比还有距离。（对成熟工业国家平均水平 50%、60% 的横向比较没有意义，因为他们的低水准是受到了外部竞争压力的结果，不在竞争状态。）如果我们应对外部出口受阻采用的促进内循环的部分政策，无意中起到了遏制竞争、诱导设备利用率走低的作用，经济内循环的质量会下降。

周边性政策调整和改革在既有的框架束缚下，早已举步维艰。如果难以从结构上释放活力入手，不得不在内外两个循环的现有政策上进行选取，我们必须十分小心。可供选择的思路应该通过充分论证，避免只按照宏大的政策意愿推进，而忽视经济规律以及发展逻辑。

专门提出这一点是因为，在调整两个循环的实施政策时，从大的举措方面观察，政府可以做的事情无非是：限制进口保护市场以利内循环；或提供大量补贴，使在不完全竞争市场上长期受到一定保护的内循环企业得以在新设定的有利条件下继续参与市场循环。如果这两方面的政策作用叠加，可能我们的经济会通过加大内循环进入到自循环的状态中。

历史告诉我们，一定时期内两个循环相对分立、内外有别的政策，有效地避免了经济政策目标之间的矛盾。当前形势迫使两部分的制造能力开始更多地共享内循环市场，这时的政策选择就会变成：偏向于经济中较强的部分，让强者更强？还是用政策来限制强势的外循环部分，以利于较弱的内循环企业多占据国内市场？（国企又占了相当一部分，这使得这一抉择又多了些许非经济方面的考虑。）

如果形势所迫不得已选择了后者，我们一定要把对吸引外资政策的走向、影响一并估计在内。在客观条件不允许我们做“趋利避害”，只可能作“两弊取其轻”的选择的时候，政策调整的前提是分清洗澡水和孩子，要尽量避免失误。

历史告诉我们，外资政策在两个循环分立时，利用政策缝隙推动着两个循环的融合，对化解两个平行市场冲突方面有过重要的另类贡献。新的政策调整如何处理内外两个循环过程中的“翻墙者”——外资？如何处理外资这个跨墙的梯阶？促进内循环的政策保障工具中“公平竞争政策环境”问题将如何处理？政策切换过程中，全世界都会沉下心来仔细观察。不应忘记，外资管理政策问题仍然是各国从“市场竞争政策”角度对我国诟病较多的重要谈判议题，也是欧盟 27 国长期对华全面投资谈判的主要诉求。毕竟，对外开放的两大领域，即外资和外贸，一直是比较各国经济活力的重要观察点。

如果这是一段历史的结束，在重大的政策转向时刻，经济政策调整的内容会比本文涉及的情况复杂得多。回溯制造业为主的经济开放政策历史中“不可化简的复杂”的政策过程，也许有助于在处理新挑战的时候避免简单化的思维，承前启后推动中国经济继续前行。

以系统观念看新发展格局

董煜（清华大学中国发展规划研究院执行副院长）

构建以国内大循环为主体、国内国际双循环相互促进的新发展格局，是中央基于国内发展形势、把握国际发展大势作出的重大战略部署，是今后一个时期做好国内经济社会发展工作的重要遵循，在“十四五”规划中具有纲举目张的重要作用。

习近平总书记指出，“构建新发展格局，是与时俱进提升我国经济发展水平的战略抉择，也是塑造我国国际经济合作和竞争新优势的战略抉择”。改革开放以来，中国顺应经济全球化态势，实施出口导向型发展战略，极大拉动了经济增长。在应对亚洲金融危机和国际金融危机中，实施扩大内需战略，有效应对了外部风险，推动经济发展向内需主导转变。党的十八大以来，党中央及时作出我国经济发展进入新常态的判断，提出推进供给侧结构性改革的重大战略性思路，有效扭转了供求关系失衡等重大经济问题。2020年以来，面对新冠肺炎疫情等重大变化，党中央准确研判大势，提出了构建新发展格局的战略。正如刘鹤副总理在十九届五中全会辅导读本中指出的，“这既是供给侧结构性改革的递进深化，也是我国以往发展战略的整合提升，具有重大现实意义和深远历史意义”。

对新发展格局的理解和认识，要从系统观念着眼。系统观念是《关于制定国民经济和社会发展第十四个五年规划和二〇三五年远景目标的建议》（以下简称《建议》）明确的五大原则之一，也是规划最大的亮点之一。系统观念是具有基础性的思想和工作方法，强调统筹协调、突出整体性，强调各个领域、各项工作之间的关联性，强调政策和制度的衔接协同。构建新发展格局，是事关全局和长远的系统性工程，面临着错综复杂的矛盾和问题，必须从系统观念出发加以谋划和推动。

一、认识新发展格局的深刻内涵

深入理解新发展格局的内涵，要坚持辩证法，正确认识供给和需求的关系，坚持深化供给侧结构性改革；正确认识国内大循环与国内国际双循环的关系，既看到国内循环是基础，也看到两者是统一体；正确认识深化改革和推动发展的关系，把全面深化改革作为发展的基本动力。

第一，要把握新发展格局的目标。我们要追求的目标，不是低水平的循环，而是以高质量为主题的循环，是高质量的供给与升级的需求相匹配的循环，是建立在高效通畅链条上的循环，是建立在国内市场规模稳步扩大、市场回旋空间稳步提升、市场潜力和活力不断释放基础上的循环。因此，要看到各类“卡脖子”和瓶颈问题的制约，看到畅通国民经济循环面临的各种障碍，通过打通堵点，补上短板，实现国民经济体系在更高水平上的完整性。

第二，要把握新发展格局的主线。“十三五”经济工作的主线是供给侧结构性改革，“十四五”依然要坚持以深化供给侧结构性改革为主线。当然，随着经济形势的发展变化，供给侧结构性改革本身的内涵也在发生一些调整，如2015年刚提出来时，是“三去一降一补”，可以看作是1.0版；2017年提出“破立降”，可以看作是2.0版；2018年提出了“巩固，增强，提升，畅通”，可以看作是3.0版，实际上“双循环”的一些重要思想也已经蕴含在其中了，比如“畅通”，强调的就是“畅通国民经济循环，加快建设统一开放、竞争有序的现代市场体系，形成国内市场和生产主体、经济增长和就业扩大、金融和实体经济良性循环”。当时的这些重要表述，放到今天来看，呈现出清晰的脉络。当前面对如此复杂的形势，应该赋予供给侧结构性改革新的内涵，打造一个新发展格局下的“4.0版供给侧结构性改革”，主要是瞄准如何实现需求牵引供给，供给创造需求的更高水平动态平衡，提出新的方向指引。

第三，要把握新发展格局的战略基点。扩大内需是新发展格局的战略基点，这也意味着国内市场是促进循环的基本盘。近年来，我们开始愈发认识到市场规模的重要性，认识到强大国内市场对经济的拉动作用。中国即将成为全球第一大消费市场，这是具有标志性意义的事件，对提升中国经济在全球经济格局中的地位至关重要。“十四五”时期，我们要继续保持国内市场的规模，争取拉开与其他经济体的市场规模的差距，稳定地成为最大的市场。同时要不断改善国内市场环境，提升对全球资金和人才的吸引力，依靠市场绑定产业链、供应链。

第四，要把握新发展格局的枢纽。构建新发展格局的关键是提升供给体系对国内需求的适配性，最终要落在供给体系中最核心的制造业上。所以，深化制造业供给侧结构性改革，推进制造业高质量发展，是畅通内部循环和外部循环的枢纽所在。这是由中国制造业在经济结构中的地位决定的，也是由中国制造业在全球产业格局中的地位决定的。“十四五”时期要积极实施产业基础再造工程，夯实产业基础能力，增强产业抗风险能力。要推动适应国内需求的工业品增品种、提品质、创品牌，丰富消费者选择，更大程度地发挥国内需求对于企业产品和服务的导向作用。

第五，要把握新发展格局的基本路径。畅通国民经济循环，在“十四五”时期可以有几个主要的着力点和抓手：一要看到市场的基础是消费，消费的基础是收入，稳步提高国民收入是根本。在做好托底工作的基础上，要着力扩大中等收入者比重。目前我国中等收入群体为 4 亿人，如果其占总人口的比重能提高到一半或以上，“纺锤形”的国民收入格局就会形成，国内市场就会更加稳固。二要推动制造业与信息技术融合发展，这是实现“强强联合”、巩固和提升我国核心竞争力的必由之路。要顺应新一轮科技革命和产业变革趋势，以智能制造为主攻方向，加快工业互联网创新发展，加快制造业生产方式和企业形态根本性变革，提升制造业数字化、智能化、平台化发展水平。三要高度重视标准，以标准化引领质量提升，更好满足人民群众的美好生活需要。要选择一些重点领域率先开展标准化提升工程，特别是对标国际一流，制订一批前沿产业的技术标准，并努力实现大规模应用。还要特别重视提高国际标准转化率和国际标准主持及参与率，贡献更多的中国标准。四要打通区域间和区域内循环，发挥优势区域的辐射带动作用。要高度重视区域布局与产业布局协调，创造产业链区域布局协同优势，将之作为带动国内大市场循环的重要突破口。要依托中心城市和城市群，布局产业重大项目并高质量地加以建设，推动产业布局与城市群融合发展，形成良性互动。五要坚持在开放中守安全。我们强调的以国内大循环为主体，是要守经济安全的底线；强调补短板和自主创新，是要守产业链安全的底线，是努力做到“自主可控、可替代”而不是“完全封闭循环”。“十四五”时期要通过扩大和深化开放，与愿意同我们合作的国家、地区和企业形成互惠互利的关系，巩固提升中国供应链在全球生产网络中的地位。我们要向国际社会阐明一个道理，即中国的制造品输出是现在全球经济的重要稳定力量。同时也要落实中央关于进口工作的部署，继续积极促进进口，特别是进口关键领域重要产品，稳定全球供应商信心，盘活全球范围的市场有效供给，促进国际市场更好循环。

二、把握构建新发展格局的重点任务

"十四五"规划《建议》对未来五年经济社会发展作出了重大部署，是构建新发展格局的基本遵循。2020年中央经济工作会议对构建新发展格局如何"迈好第一步，见到新气象"作出了具体部署，进一步明确了开局阶段的重点方向。新发展格局的展开和推进，必须把握好"十四五"时期和2021年经济工作的着力点，通过系统观念理清重点领域，谋划发展的逻辑脉络。

第一，扭住供给侧结构性改革不放松，加强需求侧管理。中央判断，当前经济运行面临的主要矛盾依然在供给侧，主要问题是供给体系跟不上需求结构的变化。这就要着力优化供给结构，改善供给质量，坚定不移建设制造强国、质量强国、网络强国、数字中国，优先改造传统产业，发展战略性新兴产业，加快发展现代服务业。在需求升级的背景下，需要通过加强需求侧管理加以引导，实施新的扩大内需战略，既要大力拓展消费政策，也要大力提升城镇化质量和社会保障水平，消除制约消费扩大的根本性障碍；既要加大有效投资力度，也要提升投资效率和效益；既要重视出口，也要根据国际形势变化，有针对性地促进进口和出口相协调。

第二，强化国家战略科技力量，打好关键核心技术攻坚战。打好关键核心技术攻坚战，是"十四五"规划《建议》中明确的两大攻坚战之一。要构建完善市场经济条件下的新型举国体制，要锁定被“卡脖子”的技术，建立自上而下的决策机制、领导机制，加快打造强大的国家战略科技力量。对于国家战略科技力量的理解，要从具体的科技领域是否属于国家战略领域的角度看待，而不能从科研结构的性质来区分。既可以包括国有的研究机构和承担战略研究任务的高校及其研究机构，也包括参与重大战略研究的创新型企业，共同组成坚强有力的、从事重大研究开发的核心力量。攻关的重点是基础研究，我国基础研究投入占R&D经费支出的比例仅为6%，仅相当于美国的一半，这也是我们在创新领域和美国的最大差距所在。加强基础研究要优化学科布局、研发布局，推动学科的交叉融合。还要推动企业的基础研究，加强基础研究人才的培养，所以“十四五”规划《建议》提出“对企业投入基础研究实行税收优惠”。为增强对基础研究的保障，就需要加大研发投入，健全政府投入为主、社会多渠道投入机制。

第三，保持制造业比重基本稳定，加快制造业与服务业协同发展。制造业是实体经济的主体，保持制造业占国民经济比重基本稳定，是提升产业链、供应链现代化水平的重要基础。近年来，我国制造业比重由2012年的31.4%下降至2019年的27.2%。如果制造业比重过快下降，将损害产业体系完整性，动摇实体经济发展根基。与此同时也要看到，保持制造业比重基本稳定，不可避免会对经济结构中的其他产业产生关联效应。过去服务业的快速增长是建立在房地产和金融过快增长的基础上的，“十三五”规划设定的服务业比重达到56%的目标虽然完成不了，却反映了这五年中央强调“房住不炒”和金融防风险的成效，也反映出看待经济结构需要有更深入的眼光和更深层的思考。“十四五”时期要保持制造业比重基本稳定，就要以系统观念去思考其他产业特别是服务业的发展和布局，确定合理的经济结构目标。要看到，促进制造业与服务业融合发展是增强产业协同的重要基础，信息与大数据技术的发展，使得制造业与服务业不再平行，制造企业内部生产服务化，服务企业为制造企业提供生产设计、产品销售、融资等生产性服务。“为客户提供全过程服务”也是制造业通过服务提升附加价值、攀升到制造业价值链高端的重要措施。要积极探索面向服务的制造业价值网络协同机制和服务管理模式，提升制造业价值增值能力和制造服务化水平。

第四，增强产业基础再造工程，增强产业链供应链自主可控能力。产业基础再造工程是2019年中央财经委第五次会议提出的，是“十四五”产业领域一个抓总的工程。从开新局的角度看，站在百年未有之大变局的历史关口，展望“十四五”，实施产业基础再造工程，不是简单的针对当前产业链、供应链因疫情而中断所采取的权宜之计，而是在中国经济迈向高质量发展关键阶段的强国方略；不是因个别国家企图与我脱钩、对我围堵而迫不得已的内敛收缩，而是筹划以更深层次的改革、更高水平的开放加快形成内外良性循环的战略抉择。加快夯实产业基础，守住产业安全底线，构筑制造强国的坚实根基，稳步提升我国战略领域的控制能力，对于构建完整的内需体系、加快形成国内国际双循环相互促进新格局具有重要的支撑和促进意义。根据十九届五中全会精神，各产业专项规划要认真梳理和前瞻性研究我国具有相对优势、产业前景较好的领域，聚焦发挥新的底层技术、基础产业的带动力，打破固有路径的依赖，设计几条以一个或若干技术带动一批产业成长的途径。围绕龙头产业、龙头区域、龙头企业打造生态链，打通从研发到运用到完善产业链的环节，完善产业配套网络，真正把优势产业变成优势产业链。新型基础设施建设要服务于引领性产业发展的需要，创造更好的成长环境和条件。

第五，理顺实体经济与金融业关系，下决心解决阻碍我国经济有效循环的“脱实向虚”的长期经济结构失衡问题。高度重视理顺实体经济与金融业、房地产的关系，避免其攫取吞噬制造业利润，这也是“十四五”规划《建议》强调“推动金融、房地产同实体经济均衡发展”的初衷所在。要重视金融的短期风险与实体经济长期风险的平衡，平衡好金融与实体经济的利益。以“合理让利”为契机构建制造业与金融共生共荣新生态，形成更加均衡的平均利润率，建立现代化制造业金融体系，推动金融对制造强国的精准、高质量支持。创新直达实体经济的货币政策工具，防止资金跑偏和“空转”。完善资金直达制造业企业的政策工具和相关机制，确保新增金融资金主要流向产业链、供应链上的关键企业、有国际市场竞争力的企业、创新链上的龙头企业以及创新型的企业、民营企业、中小微企业。

第六，高度重视区域布局与产业布局协调，形成产业链区域布局协同优势。近年来，中央对全国区域发展布局进行了一系列的调整和部署，目前看总体布局已经基本形成。这是一种面上兼顾均衡、局部集中发展的布局，是十分符合中国国情的。“十四五”时期的重点是推进中心城市和城市群的发展，使之成为承载发展要素的主要空间形式，构建全国高质量发展的动力系统。在京津冀、长三角、粤港澳大湾区、成渝双城经济圈等城市群，优化区域产业分工、破除区域性壁垒，高质量建设一批空间上高度集聚、上下游紧密协同、供应链集约高效、规模达万亿级的先进制造业集群。鼓励支持中西部和东北地区更大力度承接产业转移，打造若干承接产业转移的重点区域。推动制造业集群与城市群融合发展，打造新的“产城融合”模式。在重点区域，要细化做好供应链关键环节储备和替代计划，大力培育国内可替代的供应链。国外需求疲软时期，努力营造以当地需求、国内需求为拉动的产业小循环，保证产业集群健康发展；国外市场复苏时期，进一步加强国际合作，扩大产业集群规模和发展质量，通过加强区域产业链合作带动全球产业链的大循环。

第七，推进“引进来”与“走出去”有机结合，共同组合全球资源要素。顺应国内产业结构升级的新要求，以国内大循环吸引全球资源要素，充分利用国内国际两个市场两种资源，积极促进内需和外需、进口和出口、引进外资和对外投资协调发展，提高双向开放水平。进一步放宽外资准入限制，持续推进负面清单等对外开放举措的复制推广，持续吸引国外高端制造业投资落地。积极开展更高层次、更广领域的国际产能合作，加快“中国标准”国际化推广，加快技术、标准、服务“一体化”走出去步伐。培育一批有国际竞争力和市场开拓能力的跨国企业集团，建设一批以产能合作为重点的境外合作园区，实施一批以优势产业为龙头的重点产能合作项目。加强风险预判，及时为出口企业和在海外经营企业提供预警信息。

第八，营造世界一流营商环境，培育市场高效循环的土壤。良好的营商环境是推动高质量发展和构建新发展格局的重要前提和有力保障。要持续提升投资建设便利度，进一步简化企业生产经营审批和条件，优化外贸外资企业经营环境，进一步降低就业创业门槛，提升涉企服务质量和效率，完善优化营商环境长效机制。要加大力度落实房地产市场健康发展长效机制和推动金融供给侧结构性改革，拓宽制造业融资渠道，降低融资成本，消除金融业和房地产超额收益的体制根源。要看到，过去各地政府吸引外来投资，主要依靠制定优惠政策创造“洼地”效应，这确实具有吸引资源流动的强大“虹吸效应”，但它只能在某个局部的空间上发挥作用，除了影响力有限之外，也容易人为拉大区域间发展条件的差距，同时造成包括人力资源在内的所有资源的人为的、过度的流动。“十四五”时期，需要更多地依靠改善投资环境，即加强同全球经贸规则的对接，增强政府运作的透明度，强化对民营企业和外资的产权保护，鼓励竞争、反对垄断，为企业创造更有吸引力的投资环境。

第九，推进以人为核心的新型城镇化，解决大城市住房问题。城镇化发展要聚焦于降门槛、增容量。同时也要看到，消除城乡二元结构的过程，也是一个消费升级、市场扩张的过程，是构建新发展格局中十分重要的一环。其中，农民工是城市建设、产业发展的主力军，是城市生活的保障者，是城镇化的主要对象。要按照党中央决策部署，加快户籍制度改革，推动城市群地区实现户籍准入年限同城化累计互认，试行以经常居住地登记户口制度。十九届五中全会重申了“房住不炒”，也从构建新发展格局的角度提出促进住房消费健康发展。目前，我国住房市场的主要矛盾在于大城市和特大城市房价过高，相当部分群体无论是购买还是租赁住房都面临成本过高的状况，这也是扩大国内市场、释放消费潜力的主要堵点之一。“十四五”规划《建议》对支持发展租赁市场提出了建议，在 2020 年 12 月的中央经济工作会议上，把解决好大城市住房突出问题作为“十四五”开局的八大任务之一进行了重点部署。“十四五”规划《建议》明确，要高度重视保障性租赁住房建设，加快完善长租房政策，逐步使租购住房在享受公共服务上具有同等权利，规范发展长租房市场。这方面最重要的保障就是土地供应。“十四五”规划《建议》在农业部分提出了积极探索实施农村集体经营性建设用地入市制度的任务，而与之相联系，在经济工作会的住房问题中细化提出，单列租赁住房用地计划，探索利用集体建设用地和企事业单位自有闲置土地建设租赁住房，这充分说明这两类供地将作为解决房地产和土地问题的重要突破口。

第十，统筹经济发展和人民收入水平提高，扩大中等收入群体。要坚持从实际出发，把收入提高建立在劳动生产率提高的基础上，把福利改善建立在经济和财力可持续增长的基础上。要按照系统观念统筹好三次分配领域的政策措施，初次分配主要由市场机制形成，再分配主要由政府调节机制起作用，三次分配主要通过社会力量以慈善捐赠、志愿服务等方式进行。“十四五”规划《建议》强调要完善按要素分配政策制度，健全各类生产要素由市场决定报酬的机制，这就要强化就业优先政策，扩大就业容量，提升就业质量，更加注重缓解就业结构性矛盾；通过建立健全统一的要素市场，畅通要素供给渠道；健全以创新能力、质量、贡献为导向的科技人才评价体系，构建知识、技术等创新要素参与收益分配机制；完善上市公司分红制度、员工持股制度等。从促进共同富裕出发，要完善直接税制度，稳步提高社会保障水平，加大扶贫力度，培育发展慈善组织等。我国中等收入群体已达 4 亿人，目前在收入方面存在的主要问题是工资性收入在家庭收入中占比高，结构不够完善，相关刚性支出多，这就需要在巩固收入来源、拓展收入渠道、实现收入稳定增长等方面继续下功夫，同时通过综合施策，切实减轻中国家庭的负担。

三、更加注重以深化改革开放增强发展内生动力

构建新发展格局必须全面深化改革。构建新发展格局是发展问题，但本质上是改革问题。必须运用改革思维和改革办法，建立有效的激励机制，营造鼓励创新的制度环境，扫除阻碍国内大循环和国内国际双循环畅通的制度、观念和利益羁绊，破除妨碍生产要素市场化配置和商品服务流通的体制机制障碍。因此，要

实现中央强调的打通“堵点”，关键要靠改革。

党的十八届三中全会以来中央布置的改革任务，到2020年陆续都制定出台了实施方案。改革只有进行时，没有完成时，“十四五”规划依然是一个改革的规划，改革依然是重头戏。“十四五”时期仍处于改革“攻关期”和“啃硬骨头”阶段，必须着力解决好动力不足、效率不高、结构性失衡和社会阶层固化等问题。只有改革持续推进并落实到位，14亿人口的消费潜能和劳动积极性、1亿多市场主体生产经营的积极性才会被调动起来，才能够支撑我国经济再持续发展几十年。

“十四五”规划《建议》强调，要坚持和完善社会主义基本经济制度，充分发挥市场在资源配置中的决定性作用，更好发挥政府作用，推动有效市场和有为政府更好结合。如何构建高水平社会主义市场经济体制，推进市场配置资源效率提高，如何增强政府治理的科学性有效性，是需要重点研究的问题。2020年中央经济工作会议特别指出，要更加注重以深化改革开放增强发展内生动力，在一些关键点上发力见效，起到牵一发而动全身的效果，这也是确定2021年经济工作八大任务的基本逻辑。在构建新发展格局的过程中，要从以下几个方面深化改革开放，增强发展动力。

一是完善基本经济制度，更好激发各类市场主体活力。中央高度重视弘扬企业家精神和创新精神，2020年7月习近平总书记主持召开企业家座谈会，邀请国企、民企、外企等不同类型企业家代表参加，充分体现了中央对各类企业一视同仁、平等对待的态度。在国资国企改革方面，要做强做优做大国有资本和国有企业，切实增强国有经济竞争力、创新力、控制力、影响力、抗风险能力，毫不动摇巩固和发展公有制经济。同时也要完善现代治理结构，激发国有企业活力。在非公有制经济方面，要毫不动摇鼓励、支持、引导非公有制经济发展，特别是要大力优化民营经济发展环境，依法平等保护民营企业和企业家权益，促进中小微企业和个体工商户发展，激发民营企业活力。2016 年中央财经领导小组第 14 次会议研究扩大中等收入群体时，要求加强对非公有制经济产权保护，近年来高检高法在推进民营企业家冤假错案平反方面做了大量工作，“十四五”时期要继续深入营造更加公平的法治环境。

二是完善宏观经济治理，丰富调控方式和手段。我国进入新发展阶段后，要保持经济社会平稳健康发展，就必须不断健全宏观经济治理体系。关键是要处理好政府和市场关系，充分发挥市场在资源配置中的决定性作用，更好发挥政府作用。“十四五”规划《建议》提出，要健全以国家发展规划为战略导向，以财政政策和货币政策为主要手段，就业、产业、投资、消费、环保、区域等政策紧密配合，目标优化、分工合理、高效协同的宏观经济治理体系。这就要从系统观念出发，推进宏观调控不同政策之间、不同主管部门之间建立更加紧密的协调机制。近年来，中央高度重视经济工作的预期管理，在当前复杂形势下，要有效引导预期，既要搞好跨周期政策设计，也要提高逆周期调节能力，这样才能建立反应及时、预备充分的宏观政策工具箱，提高宏观调控的科学性。

三是建设高标准市场体系，破除阻碍要素自由流动的体制机制障碍。要围绕高质量发展和构建新发展格局的新要求，构建更加完善的要素市场化配置体制机制，在建设统一开放、竞争有序、制度完备、治理完善的市场体系上有实质性突破和进展，形成市场准入畅通、市场开放有序、市场竞争充分、市场秩序规范的良好局面。2020 年 3 月，中共中央国务院下发了《关于构建更加完善的要素市场化配置体制机制的意见》，对健全要素市场体系，推进要素市场制度建设作了改革部署，这是建设高标准市场体系的重要基础。“十四五”时期要从土地、劳动力、资本、技术、数据等五大要素着手，探索通过提高要素配置效率，增强市场活力。当前中央在深圳推动改革示范区建设，其中主要任务之一就是探索五大要素改革的新路径。今后要通过改革试点和滚动更新改革清单的方式，进一步将试点成果向全面复制推广。

四是强化反垄断和防止资本无序扩张，创造更加公平的市场环境。2020 年中央经济工作会议将“强化反垄断和防止资本无序扩张”作为八大任务之一，引起市场广泛关注和讨论，对此要加以正确的引导。一方面，要引导各方正确认识平台经济对中国经济的积极影响，认识平台经济拉动新经济增长的突出作用；另一方面，要看到平台经济无序扩张可能带来的负面影响，尤其是与互联网金融结合后可能造成的金融风险，有针对性地加强金融监管。特别是要防止舆论导向上出现将反垄断与遏制民营企业发展等同的倾向，要结合“十四五”规划《建议》精神宣传解读，向各方说清楚，强化反垄断非但不是阻碍民营企业的发展，恰恰是为广大市场主体创造更加公平的竞争环境，恰恰是为更多民营企业和中小微企业提供更多更好的成长机会和空间。

五是建设更高水平开放型经济新体制，有更多的主动作为。近年来，习近平总书记反复强调，中国开放的大门不会关上。面对某些国家奉行单边主义的做法，中国坚持扩大开放，不断提升开放水平，陆续出台了一系列重大举措。强调以国内大循环为主体，是要守经济安全的底线；强调补短板和自主创新，是要守产业链安全的底线，是努力做到“自主可控、可替代”而不是“完全封闭循环”。截至2020年11月的相关经济数据表明，中国的制造品输出已经是全球经济的重要稳定力量。同时也要积极落实中央关于加大进口力度的部署，以我们的市场稳定全球供应商的信心，盘活全球范围市场的有效供给，促进国际市场更好的循环。“十四五”规划《建议》强调，要全面提高对外开放水平，推动贸易和投资自由化便利化，推进贸易创新发展，增强对外贸易综合竞争力。从构建“双循环”新发展格局的角度看外贸工作，更需要从完善对外开放的体制机制出发，完善外商投资准入前国民待遇加负面清单管理等制度，健全促进和保障境外投资的法律、政策和服务体系。在这一过程中，要高度重视依法保护外资企业合法权益。自由贸易试验区和自由贸易港在对外开放格局中居于重要位置，要赋予其更大改革自主权，特别是要积极推进海南自由贸易港建设，探索更多接轨国际规则、体现中国特色的开放型经济新制度。

总之，进入新发展阶段，贯彻新发展理念，构建新发展格局，需要科学运用系统观念，统筹推进更深层次的改革、更高水平的开放，努力实现更高质量、更有效率、更加公平、更可持续、更为安全的发展。

从全要素生产率变化看构建新发展格局

祝宝良（国家信息中心首席经济学家）

全要素生产率不仅反映生产要素的质量，也反映生产要素配置的效率，是经济增长质量最主要的度量指标。2008年以来，我国全要素生产率提升对经济增长贡献率下降，主要原因在于要素市场改革滞后、科技创新能力不足等。世界正经历百年未有之大变局，我国经济发展的机遇和挑战都有新的变化，中央提出必须加快构建以国内大循环为主体、国内国际双循环相互促进的新格局。双循环新发展格局，就是要把经济发展的立足点放在国内，更多依靠国内市场实现经济发展。同时，更好吸引全球资源要素，既满足国内需求，又提升我国产业技术发展水平，形成参与国际经济合作和竞争新优势。构建新发展格局，要坚持扩大内需这个战略基点，要以供给侧结构性改革为主线。

一、改革开放以来我国经济增长的生产要素贡献分析

中长期内，实际经济增长速度是由潜在经济增长率决定的，并在需求因素的影响下围绕潜在增长率波动。潜在经济水平取决于生产要素的数量、质量和生产要素的配置效率。在实际测算中，一般把由资本、劳动力投入对经济增长贡献以外部分统称为全要素生产率。因此，全要素生产率不仅反映生产要素的质量，也反映生产要素配置的效率，是经济增长质量最主要的度量指标。

1978–2019 年，我国国内生产总值年均增长 9.4%，人均国内生产总值年均增长 8.2%。数量分析表明，在平均 9.4% 的经济增长中，资本积累、劳动力总量增长和全要素生产率提升分别贡献 5.4、0.8 和 3.2 个百分点。五大因素提升了我国的全要素生产率。一是通过改革释放经济要素的活力，大量农村剩余劳动力不断从农业部门向效率更高的工业、服务业部门转移，提高了经济增长率；二是通过外向型发展战略，大规模利用外资和发展对外贸易，“干中学”提高了我国的经济效益和经济增长速度；三是教育水平改善带来了人力资本提高；四是加大科技创新，增加研发投入提高了我国的科技水平；五是其他因素如生产要素配置效率改善、规模经济效应等，提升全要素生产率。总的看，1978–2019 年 40 多年间，人力资本提高拉动经济增长 0.6 个百分点，“干中学”和科技进步拉动经济增长 1.4 个百分点，包括劳动力流动等要素配置效率提高等拉动经济增长 1.2 个百分点。

将全要素生产率进行国际比较可以发现，1978–2019 年，我国全要素生产率对我国经济增长的贡献占三分之一左右。我国全要素生产率对经济增长的贡献远低于美、欧、日等主要发达国家平均贡献 70% 的水平，大体上与韩国、新加坡、印尼、泰国等东亚国家水平比较接近。我国过去 40 年来经济高速增长主要是靠资本积累驱动的结果，带有较为明显的投资拉动特征。科技创新和生产要素配置效率对经济增长的作用不高。

表 1：生产要素对经济增长的贡献度和贡献率（%）

阶段	GDP 增速	资本存量		劳动力		全要素生产率	
		贡献度	贡献率	贡献度	贡献率	贡献度	贡献率
1978–2001	9.7	5.2	53.6	1.3	13.4	3.2	33.0
2002–2008	11.0	6.3	57.3	0.3	2.7	4.4	40.0
2009–2019	8.0	5.9	73.8	0.1	1.2	2.0	25.0
1978–2019	9.4	5.4	57.4	0.8	8.6	3.2	34.0

资料来源：作者的计算。

表 2：全要素生产率影响因素（%）

阶段	全要素生产率	劳动力转移	干中学和科技进步	人力资本提高	其他影响因素
1978–2001	3.2	1.10	1.24	0.58	0.28
2002–2008	4.4	1.07	1.89	0.77	0.67
2009–2018	2.0	0.65	1.22	0.60	–0.47
1978–2018	3.2	0.97	1.37	0.63	0.23

资料来源：作者的计算。

如果以 2008 年美国次贷危机爆发这一年为界，把我国经济发展分成两个阶段，1978–2008 年，我国经济年均增长 10%，全要素生产率对经济增长的贡献不断提高，特别是从我国加入世界贸易组织的2002年到2008年，全要素生产率对经济增长的贡献上升到44%左右。但2012年之后，我国经济增长速度不断下降，2012年经济增速跌破8%，到2019年，我国潜在经济增速和实际经济增速降至6%左右。虽然2015年我国开始进行供给侧结构性改革，全要素生产率出现止跌企稳态势，但2008–2019年，我国的全要素生产率增速仍减慢到2%左右，对经济增长的贡献降至四分之一左右，包括劳动力流动等要素配置效率对经济增长只有0.8个百分点。如何解释2008年以来我国潜在经济水平、实际经济增速、全要素生产率的下降？

二、经济循环不畅导致全要素生产率降低

分析当前我国经济增长质量还不高的原因，要从我国经济面临的国际环境、所处的发展阶段、经济发展条件以及采取的发展战略等角度加以分析。

1. 改革开放以来我国的发展战略。我国实行“双轨制”或渐进式改革办法，一方面要继续维持原有的国有经济部门的稳定和发展；另一方面，通过开放市场，鼓励包括民营经济和外资企业在内的非国有经济发展。国企由于历史包袱重、承担的社会责任多，效率相对低下，自生能力弱。国家往往通过干预要素市场，为国有企业提供必要的补贴，维持国企运行。同时，国家也支持民营经济和外资企业加快发展。到1993年，我国产品市场

基本放开，但要素市场化相对缓慢，政府各种干预仍然较多。表现为要素产权不清晰，土地、劳动力、资本等传统要素市场发育相对滞后，普遍存在二元结构双轨运行现象、市场决定要素配置范围有限、要素流动存在体制机制障碍。

要素市场扭曲似乎没有对我国经济带来明显的负面影响，过去40年尤其是1978–2012年的30多年，我国经济增长年均保持10%左右，这在世界上经济发展史上也是十分罕见的，被称之为“中国经济奇迹”。中国经济成功可以从很多角度和理论解读，从发展战略角度看有以下几点：一是当市场经济机制不完备时，政府适当干预要素市场，降低了生产要素成本，提高了我国的储蓄率，增加了企业利润和企业投资，投资驱动推动我国经济实现了快速增长。二是我国实施出口导向战略，抓住了世界经济快速发展和经济全球化进程不断加深的战略机遇期，充分发挥了国内劳动力、土地和环境等低生产要素成本优势，利用了国外资源、技术和市场，发展“两头在外、大进大出”的出口加工产业，较快地融入了“国际经济大循环”，逐步形成了“资源出口国提供能源、原材料—中国生产—美国等国消费”的模式，经济全球化和世界经济的大缓和，使我国的出口导向增长模式维持了30多年，一直到2008年美国发生金融危机。这一时期，我国投资驱动形成的生产能力得以通过出口得到释放，保持了我国经济供求关系的基本平衡和循环。三是一旦世界经济因各种原因出现周期下行，国际贸易短期受阻，我国往往采取扩张性货币和财政政策拉动基建和房地产投资，扩大内需，对冲出口下降。1997年亚洲金融危机和2008年美国次贷危机，我国都是这么应对的。

2. 我国发展环境和条件发生了重大变化。2008年国际金融危机爆发以来，世界发生百年未有之变局。一是世界经济出现了低增长、低通胀、低利率、高杠杆、高泡沫、高收入差距现象，新冠疫情进一步加深了这一趋势，美国等工业化国家经济在世界中的份额不断下降，经济出现颓势。二战以来，美国主导建立的世界经济体系已经不适应美国等发达国家的需求，各国民粹主义和反全球化现象不断涌现，产业回流和产业链重构开始显现，我国对外贸易、利用外资和对外投资受到影响，外部循环受阻。二是以美国为代表的守成大国与以中国为代表的新兴大国之间的竞争关系常态化，美国持续在人员、贸易、投资、金融、科技、安全等多个领域加快采取措施，以全方位围堵遏制我国发展和快速追赶。三是我国经济发展的要素结构发生变化，劳动人口开始下降，人口老龄化加快，储蓄率降低。科技水平总体上与发达国家技术水平的差距在逐步缩小，引进技术难度不断加大。四是我国进入中等收入偏上国家行列，居民消费结构开始升级，而产业结构调整跟不上国内消费需求结构的变化，一旦出口持续受阻，传统产业产能开始严重过剩。不断通过增加基础设施建设和房地产投资应对经济回落，导致了杠杆率上升、政府隐性债务扩张和房地产价格上涨，金融风险不断积累，中国经济出现了实体经济结构性供需失衡、金融和实体经济失衡、房地产和实体经济失衡的三大失衡问题。这些变化显示了我国过去经济增长模式的脆弱性和不可持续性，也凸现了我国要素市场存在行政干预过多、资源配置效率不高、经济循环不畅的矛盾和问题。

3. 要素市场扭曲危害显现。长期以来的要素市场扭曲，引发了经济效率和社会效益的下降，也是造成近年来我国经济下行的主要原因。一是部分产品和服务供给效率低下。垄断市场的一个基本特征是产品供给严重不足，产品和服务的质量和效率无法达到社会需求。在金融市场上存在严重的金融垄断和金融抑制，金融机构没有压力和动力为实体经济提供切实有效的便利服务；在劳动市场上，户籍限制劳动力自由流动，降低了劳动力的配置效率；在土地市场上，土地出让制度导致了土地配置效率的扭曲和房地产泡沫；在技术市场上，产权界定不明晰、交易中介不充分、需求引导不充足导致技术无法被有效创新和转化。二是企业利润两极分化，引发“脱实向虚”。在要素市场保持垄断的情况下，处于上游要素市场的企业，由于具有垄断势力，可以享受垄断加价，坐享丰厚的“利润”，而那些处于下游的企业，则由于竞争太过惨烈而利润非常稀薄。这就是在500强企业名单中，绝大部分都是上游要素市场的相关企业而很少有下游产品市场的制造业服务业实体经济企业的原因。在利润两极分化的情形下，处于下游的实体经济企业面临极大的生存压力，退出“下游”市场转向“上游”或“虚拟”市场，出现“脱实向虚”的现象。三是收入分配难题凸显，内需不能有效扩张。要素市场扭曲导致没有比较优势的资本密集型产业过快发展，劳动密集型产业发展不充分，就业空间和工资水平无法得到有效的扩张，消费受到抑制。一旦外需面临较大的负面冲击，将引发产能过剩和需求不足的巨大矛盾，进而引发经济的剧烈活动。四是房地产市场泡沫化。在土地垄断且决策者具有增长压力的情况下，决策者的理性方式是，施行“配给歧视”，向流动性较强的企业多供给土地，而向流动性较差的居民少供给土地，导致了房价的畸高不下并诱发了住房“金融化”，导致财富两极分化和阶层分化。

三、加快构建新发展格局

世界正经历百年未有之大变局，我国经济发展的机遇和挑战都有新的变化。必须加快构建以国内大循环为主体、国内国际双循环相互促进的新格局。

1. 我国经济发展阶段变化。经济发展是分阶段的，不同阶段对应不同的需求结构、产业结构和技术体系。改革开放以后相当时间内，我国人均收入水平较低，我们发挥劳动力等要素低成本优势，抓住经济全球化的重要机遇，充分利用国际分工机会，形成市场和资源“两头在外”发展模式，参与国际经济大循环，推动了经济高速增长，人民生活从温饱不足到全面小康，2019 年我国人均国内生产总值超过 1 万美元，我国的需求结构逐步转向发展型、享受型的高质量、高品质商品和服务需求，服务业比重不断上升。与此同时，生产方式也发生重大变化，需要不断提高供给质量满足生产和消费需要的变化。但我国生产体系内部循环不畅、供求脱节现象显现，生产和技术领域“卡脖子”问题突出，解决这一矛盾，要求发展转向更多依靠创新驱动，不断提高供给质量和水平。

2. 国际环境发生变化。2008年国际金融危机后，全球市场收缩，世界经济陷入持续低迷，国际经济大循环动能弱化。近年来，西方主要国家民粹主义盛行、贸易保护主义抬头，经济全球化遭遇逆流。新冠肺炎疫情影响广泛深远，逆全球化趋势更加明显，全球产业链、供应链面临重大冲击，风险加大。面对外部环境变化带来的新矛盾新挑战，必须调整经济发展战略，在努力打通国际循环的同时，进一步畅通国内大循环，提升经济发展的自主性。

3. 我国有超大规模经济体优势。经过改革开放以来40多年发展，我国经济快速成长，国内大循环的条件和基础日益完善。从需求潜力看，我国已经形成拥有14亿人口、4亿多中等收入群体的全球最大最有潜力市场，随着向高收入国家行列迈进，规模巨大的国内市场不断扩张；从供给能力看，我国储蓄率仍然较高，拥有全球最完整、规模最大的工业体系和完善的配套能力，拥有1.3亿户市场主体和1.7亿多受过高等教育或拥有各种专业技能的人才，研发能力不断提升；从供求双方看，我们具备规模效应、范围效应的巨大优势，能够实现内部大循环、促进内外双循环。

四、构建新发展格局的政策建议

当前和未来一段时期，面对我国经济发展的环境、阶段、条件的变化，构建“以国内大循环为主体、国内国际双循环相互促进的新发展格局”，亟待深化供给侧结构性改革，提升我国科技创新能力，发挥中国超大规模市场优势和内需潜力，提升我国潜在经济增长动力。

1．深化生产要素市场的改革。构建新发展格局是发展问题，但本质上是改革问题。必须运用改革思维和改革办法，形成充满活力的市场主体，建立有效的激励机制，营造鼓励创新的制度环境，扫除阻碍国内大循环和国内国际双循环畅通的制度、观念和利益羁绊，破除妨碍生产要素市场化配置和商品服务流通的体制机制障碍，形成高效规范、公平竞争、充分开放的国内统一大市场，形成高标准的市场化、法治化、国际化营商环境，降低全社会交易成本。一是深化资本市场改革，提高金融市场效率。建设规范、透明、开放、有活力、有韧性的资本市场，有效发挥其市场融资、价格发现和资源配置功能，加快以注册制为核心的多层次资本市场的建立，鼓励更多的企业通过股权融资，引入“源头活水”。构建多层次、广覆盖、有差异的金融机构体系，更好满足实体经济多层次、多样化的金融需求。二是提高劳动力市场效率。以深化户籍制度改革为突破口，加快农业转移人口市民化。农民工市民化可以使每个农民多工作十年左右，相当于每年增加约 400 万劳动力，提高我国潜在经济能力 0.2 个百分点。每个农民工每年可增加收入约 1 万元左右。三是促进土地流转和增值，确保农民能够成为土地增值的受益者和获得者，提高农村常住人口的收入水平。我国农村建设用地有 4200 万亩，如果每亩按 30

万元至50万元流转至城市，总量为12万亿至20万亿。四是提高技术市场效率。推进知识产权、产业和金融的结合，以金融手段来推动知识产权成果的产业化，培育发展技术转移机构和技术经理人。五是培育数据要素市场。尽快制定相关法律法规，对数据的所有权、使用权、收益权、处置权等进行规范，加快培育数据交易市场，并与国际数据市场对接。

2．推动科技创新。加快科技自立自强是畅通国内大循环、塑造我国在国际大循环中主动地位的关键。一是强化国家战略科技力量，充分发挥我国社会主义制度能够集中力量办大事的显著优势，打好关键核心技术攻坚战。依托我国超大规模市场和完备产业体系，创造有利于新技术快速大规模应用和迭代升级的独特优势，加速科技成果向现实生产力转化，提升产业链水平，维护产业链安全。二是要强化企业创新主体地位。鼓励企业设立研发机构，通过创新来提高竞争力；全面落实企业研发费用加计等普惠性措施，推动企业加快技术改造，完善设备加速折旧等政策。三是加大政府对基础研究、前沿研究、社会公益技术、重大共性关键技术的投入，健全公共科技服务平台，完善科技重大专项实施机制。

3．扩大更高层次对外开放。国内大循环绝不是自我封闭、自给自足，也不是各地区的小循环，更不可能什么都自己做，放弃国际分工与合作。要坚持开放合作的双循环，通过强化开放合作，更加紧密地同世界经济联系互动，提升国内大循环的效率和水平。推动双循环必须坚持实施更大范围、更宽领域、更深层次对外开放。一是要积极参与全球经济治理体系改革，推动完善更加公平合理的国际经济治理体系。二是推进贸易高质量发展，大力发展服务贸易和数字贸易。继续扩大市场准入，扩大包括金融保险、贸易、物流、信息服务、商务服务等生产性服务业对外开放，促进生产性服务业与制造业的有机融合。进一步扩大医疗、教育、旅游、养老等生活服务业对外开放，更好满足人民日益增长的消费需求。三是推进“引进来”与“走出去”并重的战略，提高利用外资的综合效益。通过建立出口加工区特别是加快复制、推广上海自由贸易区有效做法，促进跨国公司扩大对我国服务业投资。建立一批体制机制环境比较成熟的服务外包产业园区，积极承接国际服务外包业务，同时力争扩大通信、金融、计算机和信息服务、商贸等领域服务贸易规模和质量，大力促进电子商务跨境贸易，以完善我国的产业布局和战略资源供给保障为重点优化对外投资布局。四是构建我国对外金融体系，稳步推进人民币国际化，加强国际金融合作。当前，凡是愿意同我们合作的国家、地区和企业，包括美国的州、地方和企业，都要积极开展合作，形成全方位、多层次、多元化的开放合作格局。

4. 实施扩大内需战略。一是推动消费升级导向的产业链升级，释放投资与消费需求潜力。以满足消费需求为立足点，把扩大内需与推动产业转型升级结合起来，把供给与需求结合起来，做大做强国内市场。要加大对创新型产业、优质产品的投资力度，促进产业转型升级，把国内产业结构调整与增强自主创新能力、品牌建设结合起来，支持先进制造业与各种新产业、新模式、新业态发展，增加优质产品和服务供给，满足居民有效需求；加大产业链投资，化解中间产品产能过剩，围绕我国产业发展方向，鼓励重点产业将产业链从中间产品型产业向最终需求型产业领域延伸；推动服务业开放和高质量发展，提升服务业供给质量，放宽旅游、文化、健康、养老等服务行业的市场准入限制，提升服务业发展质量和水平，更好满足服务消费需求。二是加快消费型基础设施建设，促进投资和消费双增长。以满足消费需求、引导消费需求、创造消费需求为方向，以补短板为着力点，加快消费型基础设施建设，促进投资和消费相互促进、循环增长。推进新型消费设施投资布局，加快以5G网络、人工智能等为主的新型信息基础设施建设，促进消费新业态、新模式、新场景的普及应用，激发新消费需求；推动城乡冷链物流设施有机衔接，形成覆盖农产品生产、加工、运输、储存、销售等环节的全程冷链物流体系，满足居民品质化消费需求；推动都市圈、城市群内部基础设施互联互通，促进都市圈内土地、劳动力、资本、技术、数据等生产要素的自由流动和市场化配置，推动国际消费中心或区域消费中心城市建设。三是加强出口转内销渠道建设，推动国内国际双循环相互促进。要将培育和拓展出口转内销的渠道作为一项长期工作来抓，加强国内市场渠道的顶层设计，利用国内市场发展新机遇，增强企业发展的韧性和灵活性。鼓励外贸生产企业应用大数据、工业互联网等，精准对接国内市场消费升级需求，开发适合国内需求的产品和品牌；支持外贸企业与流通企业、电商平台对接，充分利用网上销售、直播带货、场景体验等新业态、新模式，畅通出口转内销渠道。四是稳步扩大中等收入群体规模，增强国内市场支撑力。中等收入群体是促进形成强大国内市场的重要支撑。实施中等收入群体倍增计划，努力在10年之内使我国中等收入人数从4亿人扩大到8亿人。着力通过保障就业、优化收入分配政策、推动资本市场健康发展、扩大社会保障体系的覆盖面等，提高居民收入，提升城乡居民的消费能力。五是推动新型城镇化。我国正处于城镇化快速发展时期，这个过程既创造巨大需求，也提升有效供给。要发挥中心城市和城市群带动作用，实施区域重大战略，建设现代化都市圈，形成一批新增长极。

5. 挖掘人才红利。挖掘人口红利和开发人才红利是新时期提高经济增长潜力的主要途径，也是克服我国人口红利过早过快消失的基础。一是继续加大教育支出力度，努力改善各级学校特别是农村贫困、落后地区学校的教学条件，加快学校课程和专业设置改革步伐，积极推行素质教育，全面提升教育质量水平；把进城务工人员随迁子女纳入城镇教育、实现异地升学；把义务教育从9年改为12年。二是加强职业教育，进一步完善相关法律法规，鼓励企业积极开展职工在职培训，将企业用于职工培训的相关费用列入成本并给予相应税收优惠。三是要大力培养和引进国际一流人才和科研团队，加大科研单位改革力度，最大限度调动科研人员的积极性，提高科技产出效率。借鉴美国、欧洲等发达国家经验，放宽永久居留权的工作年限等限制性条件；鼓励高校积极参与国际生源竞争，进一步扩大国内高校的国际生源比例；鼓励国内企业积极接纳优秀国际毕业生，为优秀国际生源在我国就业创造更加便捷的条件。

6. 保护生态环境。生态文明建设关系人民生活，关乎民族未来。一是强化制度保障。全面推行生态补偿机制和环境损害赔偿制度，加快污染者付费和矿产资源开发补偿制度定型化，探索生态环保责任终身追究制度和生态红线管控制度，全面实施企业环境信用评价制度。二是强力推进节能减排。落实全社会节能减排目标责任制和问责制，特别是要与企业诚信、奖惩机制相挂钩，实行能源消费总量和能耗强度“双控”考核制度。实施节能减排重点工程，加强工业、建筑、交通和公共机构等重点领域节能减排和监管，加快重点用能单位能耗在线监测系统建设。三是狠抓环境治理和生态建设。加大大气污染防治行动计划实施力度，继续推进重点流域和区域水环境综合整治，制定实施清洁水行动计划。加强土壤污染治理。加快城镇污水、垃圾处理设施等工程建设。开展森林草原资源保护和建设。四是推动绿色低碳循环经济发展。建立全国碳排放权交易市场，研究制定和完善环境税、碳税等税收，加强应对气候变化能力建设。

参考文献

1. 黄益平:《中国经济增长面临三大挑战　进一步推进要素市场改革》,《澎湃新闻》2020-08-14。

2. 祝宝良:《2020 年中国经济走势和经济政策》,《中国经济报告》

第 1 期。

3. 祝宝良:《新冠肺炎疫情冲击下中国经济走势》,《清华经济评论》2020 年第 4 期。

4. 祝宝良:《“十四五”时期我国经济发展和政策建议》,《经济智库》2020 年第 8 期。

5. 刘瑞明:《要牢牢把握“要素市场改革”这个牛鼻子》, 新浪新闻 2020-09-10。

新发展阶段的宏观经济逻辑

贾珅（国务院发展研究中心发展部研究室副主任）

2020年全面建成小康社会之后，我国将乘势而上，开启全面建设社会主义现代化国家新征程。面对百年未有大变局，面对到世纪中叶实现民族复兴伟业的大局，需要立足全球视野和较长历史跨度，深入分析我国未来发展的基本态势，识别我国长期发展面临的根本挑战，并提出相应的对策。

一、2008年全球金融危机既是全球增长分水岭，也是我国增长分水岭

从中期趋势来看，改革开放以来我国经济增长经历了三轮“加速—减速”周期，具有非常清晰的特征（图1）。其中，2008年以来我国经历了改革开放后最为特殊的一次经济增长减速。第

一，这是改革开放以来持续时间最长的一次增长减速。2008 年我国 GDP 增速从上年的 14.2% 下降至 9.7%，此后至 2019 年经济增速一直波动下行，再未回复至 10% 以上。而在 20 世纪 80 年代末和 90 年代中后期的两次增长减速，持续时间仅为 3 到 6 年。第二，这也是我国改革开放以来下降幅度最大的一次增长减速。2019 年我国 GDP 增长 6.1%，是 1991 年以来的最低值；我国 GDP 的 5 年移动平均增速在 1980 至 2008 年之间从未明显低于 8%，而目前经济 5 年移动平均增速已下降至 6.7%（图 1）。

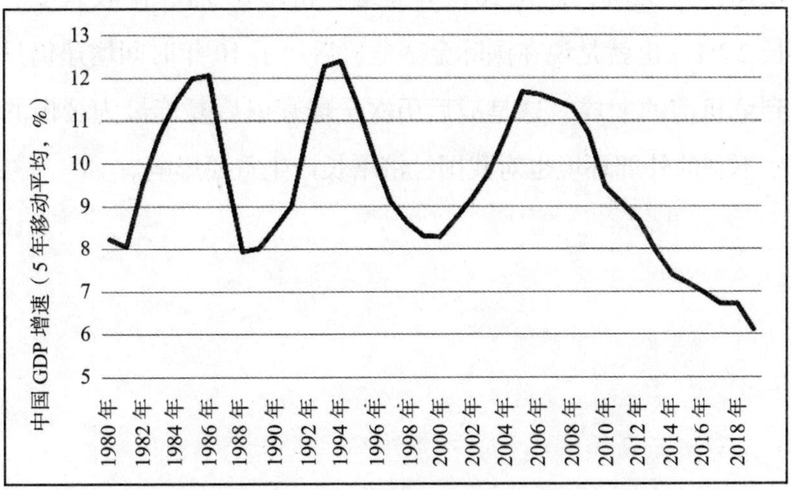

图 1　1980–2019 年我国 GDP 增速：5 年移动平均

注：根据国家统计局公布数据计算，数据更新至 2019 年，2018、2019 年数据以年度 GDP 增速代替。

理解我国最近一次经济增速换轨的原因和动力机制，对于判断今后经济发展趋势、制定适宜的发展战略和具体政策具有非常重要的意义。但复杂的是，2008 年以来我国经济增长减速是在内外部因素交织影响下出现的，要厘清原因和机制并不容易。从国内来看，2008 年以来，我国的人均收入水平、人口结构、产业结构、城镇化率、相对世界前沿国家的生产技术水平、人均受教育程度等要素条件都发生了巨大变化，这会影响我国潜在产出增速。从外部环境看，2008 年以来全球经济特别是高收入经济体经历了二战以来持续时间最长的一次下行周期（图 2）。根据世界银行数据，2004–2007 年全球经济年均增速达到 4.2%，高收入经济体年均增速达到 3.0%，而在 2018 年全球经济增长 3%，高收入经济体增长 2.2%，也就是说在国际金融危机后用了 10 年时间增速仍只恢复到危机前的七成，这是战后历次全球衰退后复苏最为缓慢的一次。不利的外部环境也对我国经济增长产生重要影响。

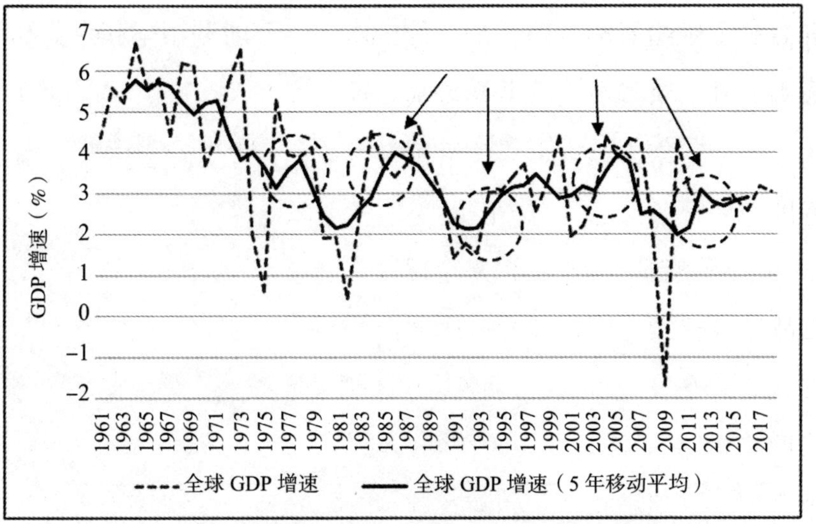

图 2　1960 年以来的全球经济增速及五次经济衰退复苏对比

注：根据世界银行 WDI 数据库提供数据计算。二战至今，全球经济发生过五次较为严重的衰退，分别出现在 1975 年、1982 年、1993 年、2001 年和 2009 年。从衰退后的复苏强度来看，最近一次复苏期的经济低迷程度与第三次复苏期相当，这两次复苏期全球经济年均增速均为 3.1%，而第一、第二、第四次复苏期全球经济年均增速分别为 3.8%、3.5% 和 3.5%。

二、通过三个典型事实理解我国经济增速换轨的主要逻辑

第一个典型事实是，我国最近一轮经济增长减速过程中，总需求不足的特征十分明显。认识经济增速变化的性质，首要的问题就是其主导因素在供给侧还是需求侧。可以借助一般价格水平、企业产能利用率、企业效益情况等宏观变量对此进行判断，这是因为供给侧冲击和需求侧冲击虽然都会导致经济增速下降，但是两种冲击对于价格水平、产能利用率、企业效益等的影响是

相反的。当总供给收缩程度大于总需求收缩程度时，经济均衡应向有利于供给者的方向调整，价格水平、产能利用率和企业利润应当上升，反之则反是（图 3）。

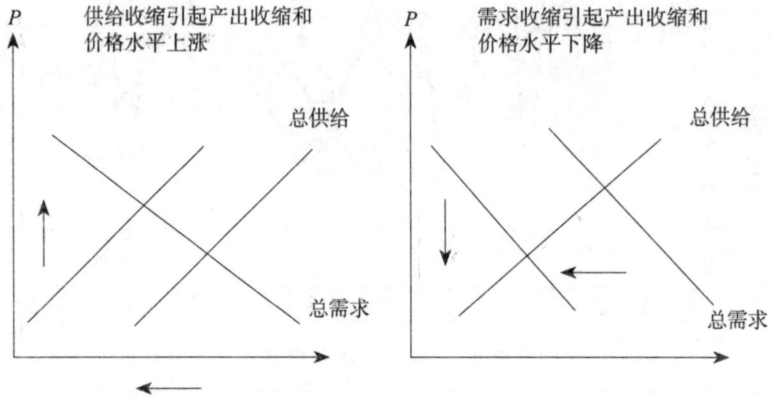

图 3　供给冲击和需求冲击对于一般价格水平等宏观经济变量的影响相反

从价格水平、企业产能利用率、企业效益等方面来看，2008 年以来我国总体面临的是需求不足问题。具体而言，从价格水平变化看，2008 年我国工业生产者出厂价格指数为 106.9，2009 年大幅降至 94.6，即工业品价格水平开始下降。此后，除了 2010–2011 年实行大规模刺激政策和 2017–2018 年实行去产能这两段短暂的时期外，我国的工业价格指数均低于 100（图 4）。对比 2008 年之前的两次增长减速时期的物价水平变化，可以看到，2008 年后的物价变化与 20 世纪 90 年代后期的那一轮增长减速时期物价水平下降的情况相似，而 20 世纪 80 年代后期的增长减速过程中物价水平并没有下降。图 4 还给出了居民消费价格指数的变化，与工业品价格指数基本呈同步变化，只是变动幅度相对较小。

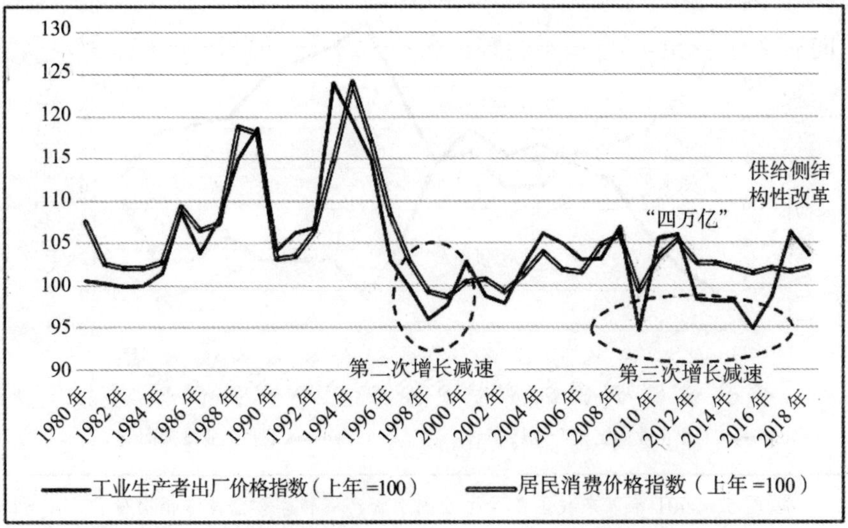

图4　1980年以来我国生产者和消费者价格水平变化

注：数据由国家统计局网站提供。

图5给出了我国工业企业固定资产周转率和工业企业亏损面的变化。工业企业固定资产周转率是用企业全年主营业务收入除以企业年末的固定资产总值，由于主营业务收入与企业产值相近，固定资产总值与企业资本存量相近，固定资产周转率变化可以较好反映企业产能利用情况。从这一指标来看，2001–2011年工业企业固定资产周转率呈现上升态势，从1.19上升至2.52，而在2011年后则不断下降至2018年的1.76。从工业企业亏损面来看，2001–2011年我国工业企业亏损率从23.4%下降至9.8%，此后则不断上升至2018年的15.1%。

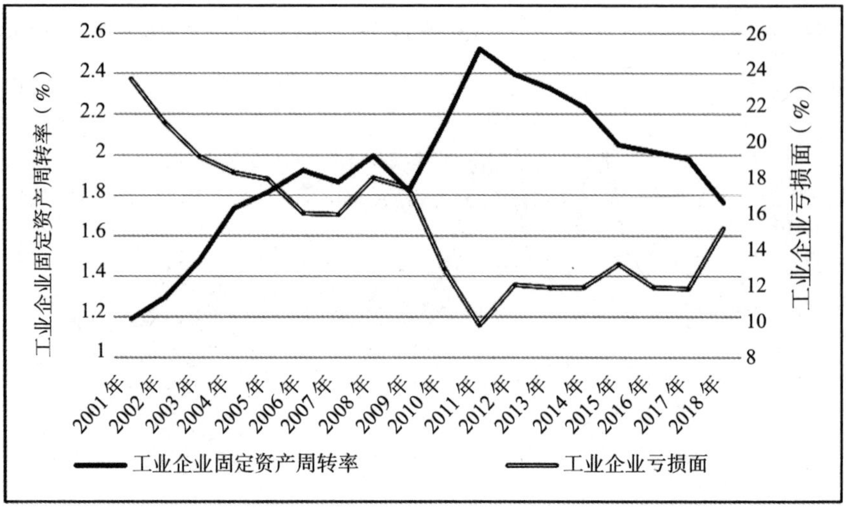

图 5　2001 年以来我国工业企业固定资产周转率和企业亏损面变化

注：根据国家统计局网站提供数据计算。

以上指标从方向上较为一致地反映出 2008 年特别是 2011 年后我国经济面临着比较突出的需求不足问题。也就是说，2008 年后虽然我国潜在产出增速也在下降，但总需求增速下降得更快，需求是真正约束经济增长的瓶颈，因此，需要高度关注并进一步分析总需求增速大幅变化的原因。

第二个典型事实是，出口增速放缓是 2008 年后我国总需求增长乏力的直接原因。总需求由消费、投资、出口“三驾马车”构成，因此，需要判断总需求增长放缓主要与哪一驾马车有关。首先可以肯定，不是消费出了问题。从消费决定理论可以推演出一个结论：只要边际消费倾向随收入递增，消费增速的波动一定低于 GDP 增速的波动。也就是说，经济衰退期消费会比 GDP 跌得慢，但经济繁荣期消费也会比 GDP 涨得慢。所以，消费只能“稳增长”，但不能“驱动增长”。在需求侧，经济增长只能由投资或出口来驱动。

如果主要矛盾不在消费，那就只能是投资或出口了。以 7 年为周期，滚动计算三大支出的经济增长贡献率与 GDP 增速的相关性，可以看到，1980 年以来我国经历了两次需求侧的增长动力结构切换：在 2001 年之前拉动总需求增长的主要是投资，这段时期需求增长由内需主导，2002 至 2011 年净出口成为总需求的主要拉动项，2011 年后投资重新成为需求增长的主动力（图 6）。这表明，尽管我国从 1978 年开始实行改革开放，但真正转变为一个出口导向型经济体是在 2001 年加入世界贸易组织之后。

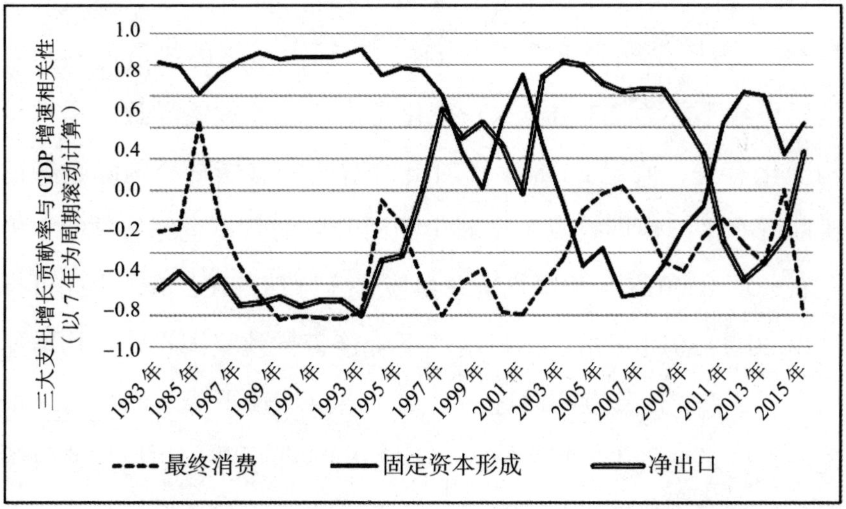

图 6　1980 年以来我国三大支出增长贡献率与经济增速的相关性

注：根据国家统计局网站提供数据计算，每个数据点对应的年份是相关性计算覆盖的时间段的中位年份。

2008年后出口增速放缓不仅直接影响总需求，还对企业投资、居民消费等产生连带影响，因此，出口增速下降对我国经济增长的影响是全局性的。通过国际比较可以简要评估我国出口增速下降对GDP的影响。根据世界银行数据库提供的数据按现价美元折算，2010年我国GDP占全球经济总量的比重为9.2%，而我国最终消费仅占全球的6%，我国资本形成占全球的17.9%，也就是说我国占全球的投资份额是消费份额的3倍。投资是为未来的消费和出口服务的，对于国际收支基本平衡的经济体，其占全球的消费份额与投资份额应当较为接近，如果后者持续超过前者，则其差额应当是由出口引致的投资所致。2018年，我国GDP占全球份额上升至15.8%，最终消费占全球份额上升至11.6%，投资份额则上升至26.6%，我国占全球的投资份额相对消费份额下降为2.3倍。这一变化与出口增速放缓导致的需求结构变化有关，假定2018年我国出口增速能够恢复至国际金融危机前的水平，也即投资占全球份额回升到消费占全球份额的3倍左右，那么2018年我国投资总量应是实际值的1.3倍，由此可推算出2011–2018年由于出口增速下降连带导致我国投资年均增速放缓了3.4个百分点。而这一时期，出口增速下降对于总需求增速的直接影响是1.7个百分点，因此2008年后我国出口增速放缓对于经济年均增速的影响约为5个百分点。换句话说，如果现在我国出口增速能够恢复到年均25%以上，我国的经济增速仍然能够达到8%～10%乃至更高。

顺着以上分析，接下来的问题就是，如果我国总需求增速放缓主要是因为出口，那么出口增速下降又是什么原因呢？由此提出第三个典型事实：2008 年以来导致我国出口增速放缓的首要因素是我国相对世界其他国家经济体量的扩大，第二位的因素是全球经济增速放缓。

国际金融危机后，有种观点认为我国出口增速放缓与人均收入提高、人口结构变化等导致的劳动力成本大幅增长、出口竞争力下降有关。这一判断是与相关事实不符的。根据世界银行提供的数据，按现价美元计算，2008 年我国的货物和服务出口占全球总出口的比重为 7.6%，占发展中国家总出口的比重为 27.4%，是低收入经济体总出口的 17 倍；而到了 2018 年，我国出口占全球总出口的比重上升至 10.6%，占发展中国家总出口的比重上升至 34.2%，相对于低收入经济体总出口的比例上升至 21.3 倍。这一事实说明，整体来看，国际金融危机后无论是人均收入高于我国还是低于我国的经济体，出口增速都低于我国，我国的出口相对竞争力并没有出现明显减弱。因此，2008 年后我国出口增速放缓主要不是由于人均收入提高或其他结构性变化导致的。

通过总需求核算等式推导出的我国与世界经济增长关系，可以分析我国出口以及总需求增速变化的主导因素。这一方程如下：

$$gt=\beta g_t^* \frac{Y_{t-1}^*}{Y_{t-1}}$$

上式当中，gt 表示我国在 t 年的总需求增速，g_t^* 表示除我国外世界所有国家整体的总支出增速，Y^*_{t-1}/Y_{t-1}是世界其他国家 GDP 总量相对于我国 GDP 总量的比例，β 可以认为是世界其他国家对我国的增长牵引系数，由我国消费率、投资率、进出口收入弹性等经济结构特征决定。上式反映的经济含义是非常直观的：世界其他国家总支出增速提高 1 个百分点可拉动我国出口增长和总需求增长的百分点，与我国相对世界整体的经济体量有重要关系，我国相对世界经济体量越大，全球增长对我国的拉动能力就越有限。结合世界银行提供的跨国数据，可以评估 2008 年以来我国出口和总需求增长减速的主要原因。

如表 1 所示，按照 2010 年不变价美元计算，2007–2018 年我国经济增速从 14.2% 下降至 6.6%，缩小超过原来的 100%。世界其他国家的整体增速从 3.6% 下降至 2.5%，全球经济增速放缓可以解释我国经济增速下降幅度的 50.2%。世界其他国家相对于我国的经济体量从 14.1 倍下降至 6.9 倍，经济相对体量的变化对我国经济增速降幅的影响达到 92.3%，比全球经济增速放缓的影响要大得多。世界对我国经济增长的牵引系数 β 从 0.28 上升至 0.39，在一定程度上抵消了全球经济增长放缓和我国相对世界经济体量增大的不利影响。β 的上升，主要是得益于我国的消费率从 2007 年的 50.4% 上升至 2018 年的 53.4%，投资率从 41.5% 上升至 44.1%，进口占 GDP 比重从 26.8% 下降至 18.7%，出口的国外收入弹性从 2.77% 上升至 2.94%。

表 1 2008 年至今我国总需求增长减速的影响因素分解

变量	2007 年	2018 年	2007 年 / 2018 年	比值的自然对数	解释度，%
gt	14.2	6.6	2.2	0.77	100.0
g_t^*	3.6	2.5	1.5	0.39	50.2
Y_{t-1}^*/Y_{t-1}	14.1	6.9	2.0	0.71	92.3
β'	0.28	0.39	0.72	–0.33	–42.5

注：根据世界银行 WDI 数据库提供数据计算。

本节最后对保持总需求稳定增长的重要性和出口重要性做一讨论。

第一，如果我们在中长期发展战略讨论中忽视总需求这一因素，把需求问题只作为短期宏观经济调控的议题，会导致对现实经济运行和政策选择的严重误判。主流经济学的二分法认为，总需求只影响短期经济波动，中长期经济增速则由供给能力的增长决定，因此，国家长期发展战略只需要重点关注那些关系劳动力总量和结构变化、物质资本和人力资本积累和技术进步的因素即可，特别是如果解决了技术进步的问题，“供给能够创造需求”。但实际上，亚当·斯密等古典经济学家早就认识到，分工深化都需要基于市场规模的不断扩大，如果没有需求，创新和技术进步无从谈起。因此，供给固然能够引致需求，需求也深刻影响着供给。从两次世界大战，到战后成功赶超型经济体的产业政策，再到今天的贸易保护主义，很大程度上就是主要国家在战略意义上争夺“需求”、保护“需求”。

第二，需求的重要性在经济发展特别是工业化水平达到一定高度后会更加突显。从国际经验来看，当一国人均收入达到5000–8000美元后，居民基本生活需要总体上就能够满足了。在此之前，经济发展的主要矛盾是落后的生产力与居民不断增长的需求之间的矛盾，供给能力不足、通货膨胀频发是常见问题。而当一国进入工业化中后期，人均收入水平达到中高收入区间后，经济体面临的供需平衡关系会出现趋势性的转折变化，需求不足的问题就会逐步突显出来（图7）。特别是对于高速增长的经济体，如果要同时保持经济激励和供需平衡，就需要同时做到“按劳分配”和“按需分配”，而这几乎是不可能的，因此，工业化水平越高，社会化大生产与有限的需求增长的矛盾就会越突出。国际金融危机后，最先采取负利率政策的国家，正是那些制造业最发达、工业化水平最高、需求不足问题最突出的国家。

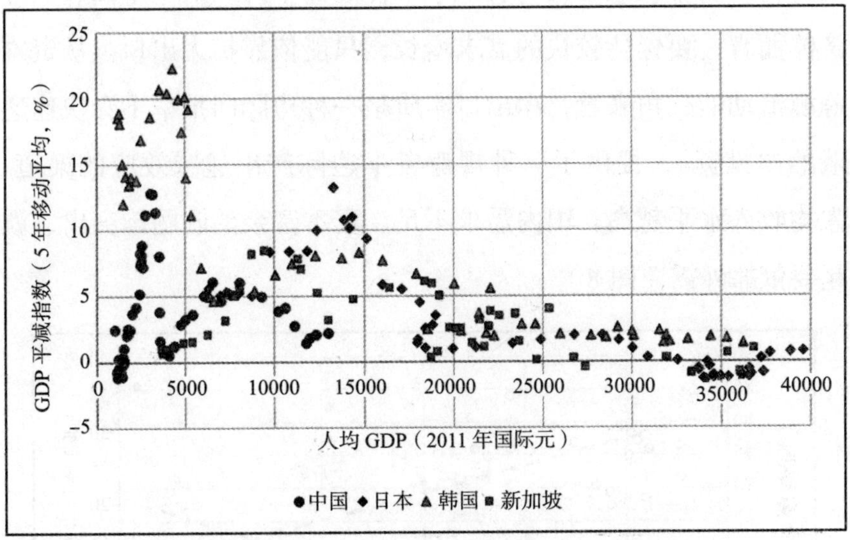

图 7　我国与典型后发追赶经济体 GDP 平减指数变化对比

注：根据 Penn World Table 9.1 和世界银行数据库提供数据计算。

第三，解决内需不足可以通过扩大出口，人均收入越高的国家越需要依靠外需。老百姓都明白的道理是“卖烧饼给自己吃不可能致富”，只要边际消费倾向小于 1，消费增长就慢于 GDP 或总需求的增长，从这个意义上说，消费无法“驱动”增长。不只是对中低收入经济体如此，对高收入经济体也一样——1970 年至 2019 年，美国最终消费占 GDP 比重与 GDP 增速的相关性是 -0.36，也就是说即使对于美国来说，消费比重较高的年份是经济增速较低的那些年份。由于投资增长不需要依赖于收入，投资增速可以比收入增速快得多，因此投资可以拉动总需求增长。但是受限于资本边际产出递减的约束，投资对增长的拉动力会随人均物质资本积累、人均收入水平提高而下降。对于中高收入经济体而言，要保持较快的需求增长，只能依靠扩大出口。从资本跨境流动的视角来看，净出口实质是一种边际回报率不会快速递减的“投资”，提供了一种规避资本边际产出递减效应的渠道。人均收入水平越高，国内需求不足、资本富余的问题越突出，就越要依靠外需（图 8）。

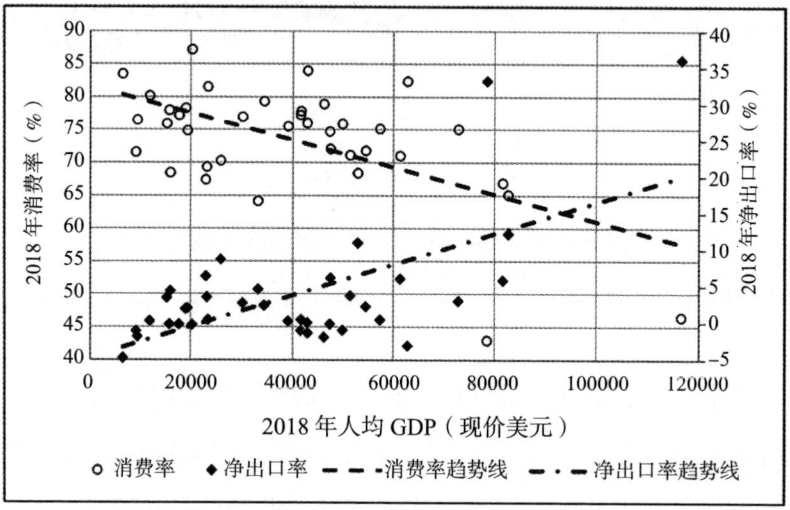

图 8　经合组织国家消费率、净出口率与人均 GDP 相关性

注：根据世界银行数据库提供数据计算，图中样本为 38 个经合组织成员国。

第四，从经济的维度理解，我国难以像过去那样依赖外需，主要不是因为人均收入水平变高了，而是因为经济规模太大了。目前，我国占全球经济总量的比重已接近 20%，制造业增加值占全球比重接近 1/3，如果我国是像韩国或者新加坡那样经济体量的国家，保持其他要素条件不变，我们的经济增速会比现在更高。因此，中央提出“双循环”，并不是表明出口不重要了，未来我们仍要争取尽可能扩大出口。

三、未来15年我国还将面临总需求的趋势性放缓和年均1%的总需求缺口

到2035年我国要基本实现社会主义现代化的各方面目标要求，需要人均GDP达到2万美元左右或更高（按当前价格）为宜，也就是相比现在再翻一番，这意味着未来15年我国经济年均增速应达到4.5%以上（15年翻一番实际要求年均增长4.7%）。

从供给侧看，未来15年我国经济潜在增速应接近5%。要分析我国未来的潜在产出增长，可以借助有相近增长结构特征的经济体在我国即将进入的人均收入区间所呈现出的增长经验。按照宾州大学世界表（PWT）9.0数据推算，到2020年我国人均GDP将达到17000国际元左右，接近日本在1979年、新加坡在1985年、韩国在1994年的水平。因此可以选取日本在1980–1994年、新加坡在1986–2000年、韩国在1995–2009年（以下统称为“对照期”）的增长经验进行对比分析，三个典型经济体进入对照期后的第一个五年在发展阶段上大致对应于我国的“十四五”时期。

表 2 典型后发经济体在对照期的 GDP 和生产要素增速

对比期间	日本	韩国	新加坡	三国平均
经济增速（单位：%）				
T–5 期至 T 期	4.4	8.5	6.8	6.6
T 期至 T+5 期	3.6	5.6	8.6	5.9
T 期至 T+15 期	3.6	5.0	7.6	5.4
物质资本存量增速（单位：%）				
T–5 期至 T 期	15.0	12.8	11.2	13.0
T 期至 T+5 期	11.4	8.7	6.0	8.7
T 期至 T+15 期	11.0	6.5	7.5	8.3
全要素生产率增速（单位：%）				
T–5 期至 T 期	–0.9	1.4	–1.8	–0.4
T 期至 T+5 期	–0.7	1.5	2.2	1.0
T 期至 T+15 期	–0.4	1.3	0.6	0.5
就业总数增速（单位：%）				
T–5 期至 T 期	0.7	2.2	2.9	2.0
T 期至 T+5 期	0.9	0.4	3.9	1.7
T 期至 T+15 期	0.9	1.2	3.1	1.8
劳均人力资本增速（单位：%）				
T–5 期至 T 期	0.7	1.2	2.9	1.6
T 期至 T+5 期	0.6	1.2	1.4	1.1
T 期至 T+15 期	0.6	1.0	2.4	1.3

数据来源：根据 Penn World Table 9.0 数据计算。

表 3 我国与典型后发经济体在进入对照期的要素结构条件对比

变量	中国	日本	韩国	新加坡
固定资本形成率（%）	42.0	34.0	38.5	41.1
储蓄率（%）	44.0	33.3	38.2	41.9
65 岁以上人口比重（%）	12.0	8.9	5.8	5.3
劳动参与率（%）	55.0	50.5	44.4	45.4
劳均人力资本（标准化指数）	2.7	3.0	3.0	1.9

续表

变量	中国	日本	韩国	新加坡
相对美国的全要素生产率（%）	40.0	78.8	62.4	78.9
城镇化率（%）	62.0	76.1	77.5	100.0

数据来源：日本、韩国、新加坡三国的劳动参与率、劳均人力资本、相对美国的全要素生产率和人口增速根据 PWT 数据计算，固定资本形成率、储蓄率、65 岁人口比重和城镇化率根据世界银行 World Development Indicators 数据计算。

对比典型经济体和我国进入对照期时的生产要素条件和结构特征，可以推动我国未来 15 年的要素增长潜力。首先，从物质资本积累来看，日本、韩国和新加坡在进入对照期时的固定资本形成率在 34% 至 41% 之间，而我国的固定资本形成率在 2020 年预计达到 42% 左右。从储蓄率来看，典型经济体在进入对照期时的储蓄率介于 33% 至 42% 之间，而我国的储蓄率到 2020 年预计可以保持在 44% 左右。另外，到 2020 年我国人均物质资本存量预计达到美国的 50% 左右，低于典型经济体在进入对照期时的平均水平。综合这些因素判断，我国在未来 15 年内的物质资本增长条件，应强于典型经济体在对照期 8.3% 的物质资本年均增速。参照典型经济体经验并从保守计，我国 2021–2035 年物质资本年均增长潜力应不低于 8%。

从劳动力投入来看，我国未来 15 年较难达到典型后发经济体在对照期内的增长水平。一方面，我国人口老龄化速度相对较快。按照联合国世界人口展望中方案预测，到 2020 年我国 65 岁以上人口占总人口比重将达到 12% 左右，而典型经济体在进入对照期时的老年人口比重仅在 5% 至 9% 之间。同时，根据联合国人口预测，未来15年我国人口预期年均增速仅为1‰，而典型经济体中人口增长最慢的日本在对照期的人口年均增速也达到了4.8‰。根据联合国人口预测，到2035年我国65岁以上人口比重将达到20.7%，相当于日本在2007年的水平。日本在2007年的劳动参与率为52%，如果我国的劳动参与率到2035年能够保持在52%左右，那么未来15年的劳动投入年均增速则约为-2.7‰。参照典型经济体经验，我国2021–2035年的劳动力预期增长为年均-3‰左右。

从人力资本来看，按照PWT数据测算的人力资本指数衡量，我国在2020年的劳均人力资本水平预计将达到2.7。这低于日本和韩国进入对照期时的劳均人力资本水平，但高于新加坡进入对照期时1.9%的劳均人力资本水平。考虑到2020年我国劳均人力资本水平与日、韩两国在对照期初的劳均人力资本水平有大约15%的差距，而日、韩两国在对照期的劳均人力资本年均增速平均为0.8%，我国2021–2035年的人力资本增长有望达到年均1%左右。

从全要素生产率看，典型后发经济体在对照期内的全要素生产率年均增速平均达到0.5%，其中，最高的韩国达到1.3%。到2020年，我国全要素生产率预计将达到美国的45%～50%之间，与典型经济体在对照期初已达到美国60%～80%的水平相比，还有较大提升空间。此外，典型经济体进入对照期时城镇化率都达到75%以上，而我国城镇化率到2020年预计将达到62%左右，城镇化率继续提升带来的劳动力再配置同样可以释放较大的

“效率红利”。结合这些因素，可将 2021–2035 年我国全要素生产率的增长目标设为年均 1% 左右。

以上要素增长潜力如能得到有效释放，到 2035 年我国潜在产出增速可以达到年均 4.8% 左右。

但是从需求侧来看，即便不考虑新冠肺炎疫情等因素的影响，我国经济体量增长效应以及由此带来的全球需求负向循环反馈影响下，2021–2035 年我国总需求年均增速也将低于 4%，未来 15 年我国将长期面临需求缺口超过 1% 的挑战。这里利用前文提到的公式进行迭代计算，得到对未来我国总需求增长的预测。以 2019 年作为测算的起始年份，当年我国经济增长 6.1%，世界其他国家经济总量接近我国的 7 倍。对于世界其他国家的整体经济增速，计算历史数据可以发现，1980 年后，世界其他国家以 15 年为周期的移动平均增速最高为 3.0%，每 15 年下降 0.3 个百分点左右，最近 15 年的年均速度为 2.3%。我们这里作一点乐观的假设，即目前全球经济面临的不利因素都是短期的，2021–2035 年全球经济增速将与过去 15 年相同，也即年均增长 2.3%。另外，我国经济增长与其他国家的经济增长是相互影响的。2001–2018 年，我国经济增速与其他国家经济增速的相关系数是 0.34，我国经济增速的标准差是 2.15%，其他国家经济增速的标准差是 1.48%，以此做线性外推，我国经济增速每降低 1 个百分点，将导致其他国家经济增速降低大约 0.2 个百分点。基于以上假设进行测算，可以得到 2021–2035 年我国总需求的年均增速约为 3.8%，2035 年降至 3%。

以上数值分析表明，即使不考虑新冠肺炎疫情大流行等的长期影响，我国经济相对体量变化带来的总需求增长结构性放缓问题未来将长期存在。

四、从稳定总需求增长的角度理解我国的新发展战略

不同于传统的周期性需求紧缩，总需求增长在结构性因素影响下的持续放缓，不仅是新的理论认识，也是全新的宏观政策课题，需要以新的政策思路进行应对。从应对总需求增长结构性放缓的角度出发，我们能够深化对中央提出的新发展战略的认识，特别是对以深化供给侧结构性改革为主线、构建新发展格局的理解。这里主要讨论以下四点内容。

第一，一般性货币政策和减税政策难以应对总需求增长的趋势性放缓。需求增长乏力，对投资的冲击远大于消费，因此宏观经济政策通常把扩大投资作为扩张总需求的主要关切。传统的需求管理主要通过货币政策降低利率、通过财政政策降低税率，也即"降成本"的方式，来提升企业利润率，进而刺激企业投资。在短期、小幅的经济波动中，企业经营收益率的分布和均值变化不大，传统宏观经济政策可以取得一定效果。但是当出现了时间较长、幅度较大的总需求收缩时，企业经营收益率的分布和均值就会出现大幅度的下降，降低利率、税率难以抵消这种负面变化，这是国际金融危机以来传统宏观经济政策在扩张实体经济和总需求方面效果不佳的主要原因。

通过我国工业企业的具体例证可以看到需求不足对企业收益进而企业投资的巨大影响。2001–2007年，工业企业固定资产按账面价值计算的增速从7.5%上升至19.1%，工业企业净资产收益率从8.5%上升至14.6%；2008–2018年，工业企业固定资产增速逐步下降至4.6%，企业净资产收益率则在大规模经济政策的推动下在2011年上升至高点19.8%，而后不断下降至2018年的13.5%，两者变化基本同步。在2008年后我国持续降息，一年期存款基准利率从2007年的高点降至4.14%降至2015年10月后的1.5%，但这并没有扭转企业投资增速持续下降的趋势。当然，有观点认为这是由于降息的力度还不够大、货币政策传导机制存在问题等导致的，但从实际数据看，投资增速下降的趋势不能扭转主要还是与总需求持续减速导致企业收入和盈利能力大幅下滑有关。

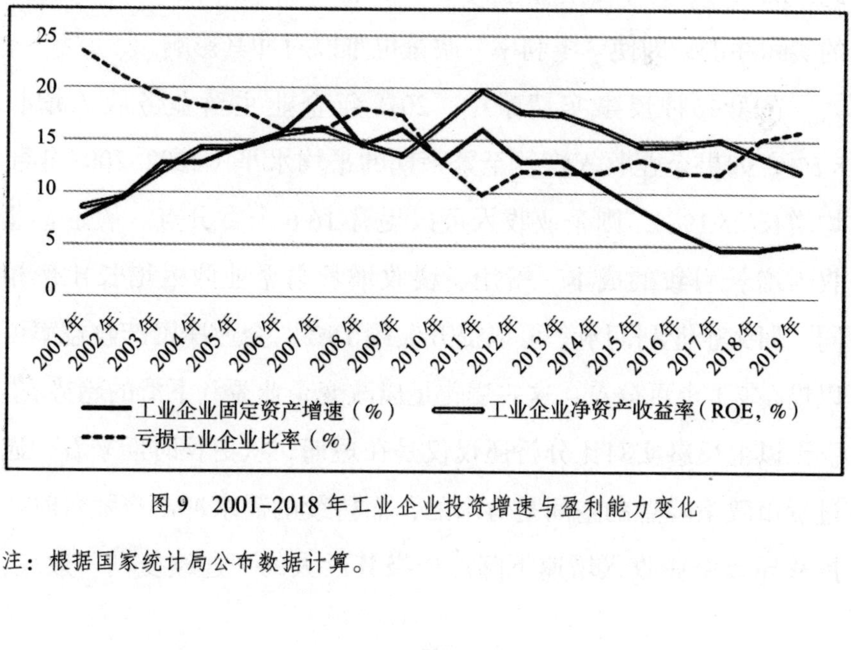

图9　2001–2018年工业企业投资增速与盈利能力变化

注：根据国家统计局公布数据计算。

这里以2018年为例，通过两种反事实情景来分别观察货币政策和需求下降对于企业盈利能力的影响。一种是实施“零利率”政策，将存款基准利率降至零，同时其他条件保持不变；另一种是工业企业收入增速恢复至上一轮经济繁荣期的平均水平，同时其他条件不变。2018年我国贷款加权平均利率约为6%，假定存款基准利率下降至零以后存贷差不变，则贷款平均利率也降低1.5个百分点至4.5%。假设货币政策效果能够完全传导至企业实体，则企业的财务费用能够下降约25%。2018年工业企业财务费用占利润总额约为18%，因此在第一种反事实情景下，“零利率”政策通过降低融资成本可以将企业的盈利提升4.5%（等于25%乘以18%），企业净资产收益率可以提高0.6个百分点。因此，2012–2018年工业企业净资产收益率年均降低0.9个百分点的实际冲击，即使“零利率”政策也难以对冲其影响。

在第二种反事实情景中，2018年企业主营业务收入增长8.5%，如果企业收入恢复至繁荣期的平均水平（2002–2007年年均增长25.1%），则企业收入可以提升16.6个百分点。假定企业收入增长引致的成本、费用、税收增长与企业收入增长比例相同，那么企业利润水平可以提升大约15%，企业净资产收益率可以提高2.1个百分点，这一变化足以改变企业盈利下滑的趋势。

以上反事实对比分析还仅仅是在短期，从更长时期来看，通过货币政策降息的空间是有限的，而持续的需求冲击将随着时间推移导致企业收入增速下降形成极其巨大的“连续复利”效应。

2002–2007年，工业企业出口交货值年均增长28.6%，2008–2018年企业出口交货值年均增速大幅下降至5.4%，企业出口交货值占全部销售产值的比重也从20%下降到10%左右。假设2008年后工业企业出口增速不变，在此后1至3年内工业企业收入增速可以比实际值提高约10%，但持续到2018年则企业收入可以比实际值提高75%，这种差异几乎高达“零利率”政策效果的17倍。因此，降息、减税等“降成本”思路下的传统宏观经济政策对于短期的、有限的需求收缩能够起到一定的缓解作用；一旦总需求收缩成为长期的、持续的冲击，其对于企业盈利能力和投资激励的伤害将是巨大的，即便采用大力度的政策也难以对冲。从政策成本看，无论是降息还是减税，当政策达到一定力度后，政策的边际成本和副作用就会快速上升，政策效果和“性价比”会快速降低，比如零利率甚至负利率会推升资产泡沫、保护僵尸企业，延缓市场出清，增大经济和金融体系的系统性风险。

因此，面对持续的需求紧缩，我国要努力避免单纯依赖传统宏观经济政策，特别是要努力避免日本、欧盟等经济体实行的零利率、负利率货币政策。货币政策应以稳定物价、防范金融体系流动性风险为重点目标，稳增长则要从企业收入端着力，通过其他政策工具来扩张真实支出，帮助企业“增收”的政策将比为企业“降成本”的政策更加有效地稳定总需求。

第二，以科研和教育投入为主要方向，着力扩张真实支出。稳增长、稳需求的重点应当是扩大真实支出、促进企业增收，最直接、有力的政策就是扩大政府支出。支出型财政政策的主要问题在于政府支出效率和财政的可持续性上，要尽可能发挥政策效力，降低政策的副作用，关键在于尽力将政府投资集中在那些长期社会回报率最高的领域。2009–2013 年，我国在房地产、基础设施建设等领域进行了大规模投资，对冲了制造业投资增速的下滑，为稳定国内需求增长作出了重大贡献。2013 年后，随着居民住房供求矛盾整体改观、基础设施水平极大提升，房地产、交通基础设施、公共事业等领域投资回报率逐步下降，投资增速明显放缓。近年来，环保、水利等领域投资增速虽然相对较快，但由于其所占比重较小，仍不足以稳定投资增长。面向未来，稳定总需求增长的压力依然不小，政府投资依然要发挥重要作用。中央已经明确要加快推进 5G、人工智能、工业互联网等新型基础设施建设，无疑这是与新一轮科技革命相一致的建设方向。除此之外，研发和教育是值得加大投资力度的重点领域。

这一方面也是高质量发展和现代化建设的要求。到 2035 年基本实现社会主义现代化的远景目标，“跻身创新型国家前列”是一个明确要求。要实现新的发展目标，必须推动经济发展实现效率变革和动力变革，这就要从过去依靠物质要素积累为主的“索洛式增长”，转向依靠创新和全要素生产率提升带动的“内生增长”。不断提高研发经费投入强度、提升人力资本，无疑是实现发展动力变革的关键支撑。

另一方面，科研和教育仍然是我国发展的突出短板。近年来，我国研发经费投入的规模和强度实现了稳步提升，目前已是世界第二大研发经费投入国，2019 年研发经费投入强度达到

2.19%。但是与美国、日本、韩国等国 3% ～ 4% 的水平相比，我国研发投入强度还有差距，甚至与“十三五”规划纲要提出的 2020 年达到 2.5% 的预期目标相比也有明显差距。“十三五”时期我国创新投入增长不达预期，一方面与企业利润增速下降导致企业研发经费投入增速下降有关，更重要的原因在于基础研究投入增长不快。2019 年我国基础研究投入占比为 6%，远低于美国、英国、法国、日本等国 15% ～ 25% 的水平，知识产权使用费的贸易赤字扩大至接近 2000 亿元。在教育投入方面，我国也有较大提升空间。2018 年我国教育财政投入占 GDP 比重 4.11%，与 OECD 国家平均 6% 的教育经费占比还有较大差距。目前中国人均 GDP 按购买力平价已达到 OECD 国家的 40% 左右，但学前教育和中小学教育的生均投入与 OECD 国家平均水平还有 4 ～ 7 倍的差距。此外，科研和教育投入的社会回报率高。对于高学历劳动者的就业拉动力强，对社会投资和消费具有一定引导作用，这些都是传统领域投资所难以比拟的。因此，我国应着力将研发经费投入强度提升至 GDP 的 3% ～ 4%，将教育财政投入逐步提高到 GDP 的 6%，这可以对稳定需求和经济增长产生极大的支撑作用。

第三，持续稳妥推进供给侧结构性改革。2012 年后，我国在持续的需求冲击下，产能过剩问题逐渐凸显，中央和地方政府在制定经济发展目标和相关政策时，需要在“增长数量”和“增长质量”上进行艰难权衡。如果要促进数量增长，势必增加供给，这会使市场供求关系和企业效益进一步恶化，经济转型和创新发展也将缺乏支撑。如果要改善市场供求关系，就不得不控制部分供给增加，这会一定程度地影响短期增长。出于这种担忧，许多地方和行业的过剩供给仍在持续增加，市场难以实现出清。如果经济面临的是供给侧冲击，就不会面临这种权衡。

毫无疑问，从经济转型发展的长远利益考虑，保障经济增长的质量和效益应当是第一位的。党的十九大对这一经济形势作出了深刻总结，提出我国社会主要矛盾已经从“人民日益增长的物质文化需要同落后的社会生产之间的矛盾”（整体供给不足），转化为“人民日益增长的美好生活需要和不平衡不充分的发展之间的矛盾”（结构性供给不足），我国经济也要“从高速增长阶段转向高质量发展阶段”，“坚持质量第一、效益优先”，这表明中央在新时期经济增长的数量和质量权衡上做出了明确选择。在实践层面，中央政府从 2016 年开始部署实施供给侧结构性改革，一方面着力降成本、补短板，另一方面也针对煤炭、钢铁等产能过剩问题比较突出的传统行业实行去库存、去产能。经过两年多的调整，我国退出钢铁产能超过 1.7 亿吨、退出煤炭产能 8 亿吨，上游行业的供求关系极大改善（图 10）。

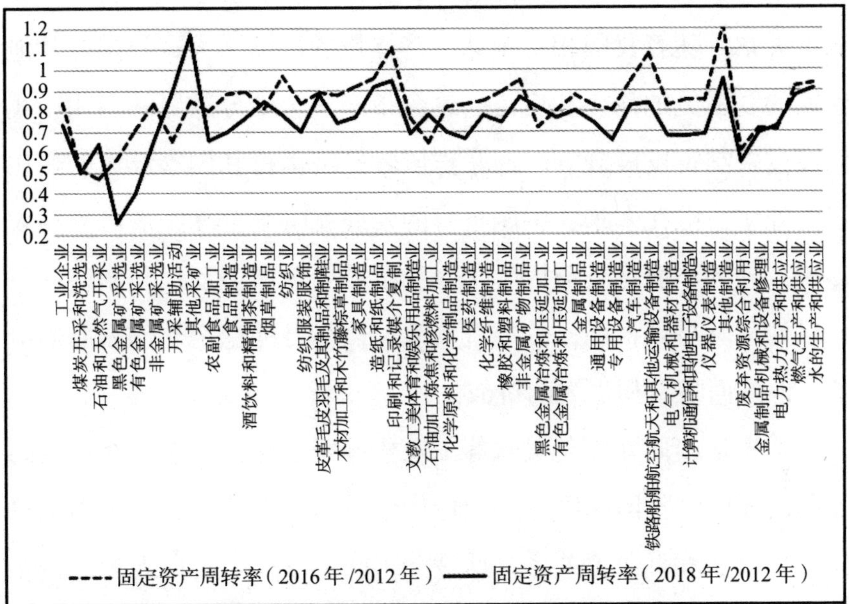

图 10　供给侧结构性改革前后工业企业固定资产周转率对比

注：根据国家统计局公布数据计算，2016 年和 2018 年数据均以 2012 年水平进行了标准化。

在上游行业供求改善的同时，下游工业行业的供求矛盾则在进一步加剧。下游行业一方面面临着需求不足导致的收入增速下滑，另一方面也面临上游工业品的价格上涨，企业利润受到两面挤压。要改变这种局面，必须继续深化供给侧结构性改革，推动中游和下游工业行业的行业格局改善。当然，由于下游工业行业中民营企业所占比重明显高于上游行业，在下游行业推进供给侧结构性改革需要进一步完善方式方法，避免“一刀切”的简单方式，采用更加稳妥的措施推动行业供求关系改善。

第四，发挥经济超大规模性优势，重构与其他国家的产业分工关系。随着我国相对全球经济体量的持续增大，我国与其他国家的联系更加深入和广泛，这会带来一个十分重要的变化：我们在过去制定发展规划时通常把国际经济运行和国家环境的变化视为外生，但在未来，中国自身的发展就将对全球经济产生巨大影响，外部环境将日益内生化。我国需要更加主动地利用这一条件以处理好与其他国家的经济关系，以尽可能稳定外部需要的增长，但这面临着相当大的挑战。

首先是如何处理与美欧等工业化国家的经济关系。在过去的发展过程中，我国深度融入全球价值链，与发达的工业化国家总体上形成了垂直分工关系，这种分工联系在一定时期内为各合作方提供了收益。未来，随着我国掌握更多先进技术、进入更高端生产环节，在全球价值链上继续攀升将是必然趋势。从供给侧来看，这是提升劳动生产率和人均收入的重要途径，但从需求侧来看，这一变化将压缩我国与工业化国家现有的产业分工和贸易空间。由于工业化国家在全球经济中仍占有较高比重，如果能够通过一定的调整来维持住我国与工业化国家的贸易空间，外需环境会更加有利。要实现这一目标，最有效的路径是调整与工业化国家的产业分工关系，从过去的垂直分工向水平分工转变。转向水平分工，首先要加快在产业技术和产品品质方面的追赶，否则没有水平分工的资格。在此基础上，要以更大力度进行产品品牌、功能设计、文化内涵等方面的原始创新、自主创新，要紧紧把握新科技革命机遇开拓新的产业方向，以与工业化国家形成越来越大的“多样化”贸易空间，以弥补“互补性”贸易空间减小形成的不利影响。

其次，我国也要处理好与其他发展中国家的分工关系。从全球经济格局变化的大趋势来看，高收入国家经济占全球比重很大可能将继续下降，全球的需求增长将越来越多地依靠发展中国家，对我国来说也是如此。在以往的经贸联系中，其他发展中国家向我国提供初级产品、部分中低端环节中间产品，同时也与我国在中低端环节展开竞争。随着制造业和产能的快速发展，我国正在加大向其他发展中国家的出口和投资。从需求侧来看，这有助于缓解高收入国家需求增长低迷的负面影响，但从供给侧来看，对其他发展中国家的投资也有可能导致产业转移和产业替代。解决这一两难，也要依靠完善与其他发展中国家的产业分工关系，在保持一定产业梯度差距的基础上建立更加密切的垂直分工联系。实现这一目标，我国需要打造不同于以往的产业核心竞争力。过去我国主要依靠较低的劳动力、环境、土地等要素成本和税收优惠来进行竞争，未来则要依托超大经济规模构建和巩固兼具完备性和专业化的强大供应链，培育一批具有全球生产组织和资源配置能力的本土跨国企业。

下　篇
构建新发展格局的
战略重点

以改革创新推动内需扩大

徐林（中美绿色基金董事长）

大国经济一般都是内需推动型经济，外需在特定发展阶段可能会扮演十分显眼的重要作用，但最终总是要回归到内需推动为主的增长结构，不过这并不表明外需对一国经济的增长而言就不重要。中国改革开放后经济增长的动力结构基本上呈现了上述格局和演变的路线。

但与世界上很多大国不同的是，中国有着持续了 20 多年的扩大内需的政策导向，并将扩大内需作为一项长期战略，写进了党和政府的经济政策文件，这与经济学教科书中标准的需求管理政策似乎有所不同。在经济学教科书中，需求管理更多属于短期宏观经济政策的范畴，而不是一项长期战略或结构性政策。要理解这个问题，我们不妨来看看中国扩大内需战略的起源和演进，这样或许才能更好表达未来中国的扩大内需作为一项长期政策，究竟应该做些什么。

一、中国扩大内需战略的提出和演进

1997年下半年，亚洲金融危机首先在东南亚爆发，1998年危机进一步加深。亚洲金融危机的爆发和蔓延，使我国出口和利用外资都不同程度受到影响，并对经济增长产生负面影响。当时，笔者在国家计委规划司工作，在朱镕基总理要求下，国家计委甚至不得不在春节假期加班加点，研究提出应对亚洲金融危机的政策举措。1998年2月，中共中央、国务院出台了《关于转发〈国家计划委员会关于应对东南亚金融危机，保持国民经济持续快速健康发展的意见〉的通知》，文件强调要“立足扩大国内需求，加强基础设施建设”。这可能是中央文件中第一次明确将“扩大国内需求”作为一项政策提出来。笔者所在的长期规划和产业政策司，还专门研究提出了恢复实施进口设备免税的政策举措和操作办法，对符合产业政策的内外资投资项目所需进口设备提供进口环节免关税和增值税的优惠政策，以稳定投资需求。这是对原本已经取消的外资企业进口设备免税政策的一次反复，并将政策覆盖面进一步扩大到了国内投资项目，具有刺激内外资投资的政策动机。这一政策虽然随着国内增值税制度的转型有所调整，但一直沿用至今。

1998年2月25日至2月26日，中共十五届二中全会在北京召开。江泽民总书记在会上讲话指出，要努力扩大内需，发挥国内市场的巨大潜力。这可能也是中央主要领导同志第一次在正式讲话中使用“扩大内需”的提法。同年3月24日，朱镕基总理在国务院第一次全体会议上讲话时再次强调，面对1998年经济发展开局的严峻形势，要扩大国内需求，充分发挥国内市场的潜力。

到1998年底，扩大内需被党中央明确为一项长期战略方针。1998年12月7日，中央经济工作会议在北京召开，江泽民总书记在会议上讲话时指出：扩大国内需求、开拓国内市场，是我国经济发展的基本立足点和长期战略方针。同年12月18日，江泽民总书记在纪念党的十一届三中全会召开20周年大会上讲话时又进一步指出：必须把立足国内、扩大国内需求作为经济发展的长期战略方针。这表明党中央对扩大内需这个问题的认识进一步深化并取得了决策共识。此后，无论是党的代表大会报告还是中央经济工作会议文件，都多次将扩大内需作为一项战略方针来加以强调。

尽管如此，我国扩大内需的政策动机在不同时期还是略有差异的。应对亚洲金融危机外需疲软时强调扩大内需，主要是为了弥补外需的不足保增长。到了2008年以后应对国际金融危机时，扩大内需却还带有消除美国等发达国家对我国贸易顺差过大的指责的政策考虑。因为中国2001年加入世界贸易组织后，由于贸易环境的改善，从2004年到2009年，我国贸易顺差占GDP的比重，分别达到了5.4%、7.5%、8.7%、7.6%和4.3%。在这个时期的G20峰会上，作为主要国家间宏观政策协调讨论的结果，我们不得不接受将贸易顺差占GDP比重逐步限制在3%以内的约束。此后，贸易顺差占我国GDP的比重确实逐步下降，到2018年已经下降到了只有0.9%。如今在新冠肺炎全球流行并导致全球性经济衰退时，再次强调扩大内需的作用，则是为了弥补因外部环境恶化导致的外贸订单损失，具有通过扩大内需保增长和保就业的明显含义。

二、中国经济的内需真的虚弱吗？

20多年来，当我们习惯性地持续强调扩大内需时，可能很少有人会问，中国的内需真的不足或是虚弱吗？长期扩大内需的真实含义到底应该是什么？这涉及从哪个角度来看待内需不足问题，从大部分国内学者和政策制定者通常使用的分析方法和表达看，主要有两个视角。

第一个视角是从支出法GDP分解核算角度看三大需求，即最终消费支出、资本形成总额和货物服务净出口分别占GDP的比重，而且往往还会进行相应指标的横向国际比较。从这个角度看，内需实际是由消费支出和资本形成构成的，我国内需占GDP的比重1998年以后除了2005年至2010年外，大多数年份都在97%以上。由于三大需求占GDP的比重具有此消彼长的关系，某些年份投资增速非常快，就可能导致消费支出占比较低；而某些年份出口增速特别快，也可能导致内需占比下降。如果用比重结构变动来衡量，我们往往容易得出这样的结论，大多数年份中国的消费需求占比偏低，从20世纪90年代末期的60%以上一路降低到最低时的48.5%，并逐渐上升到目前的55%以上。但这一变化的主要原因其实是这期间中国的固定资产投资增速发生了由高到低的变化，从高点的30%降到了目前的6%左右，并不是因为消费增速发生了明显变化或提高。实际上在这个时期，消费增速也在逐渐下降，只是消费增速的下降幅度要低于投资增速的下降幅度。我国内需占比只有在2005年到2010年期间低于97%，6年平均值为93.8%，这主要是因为2001年中国加入世界贸易组织后，由于获得更优惠、更稳定的贸易环境和待遇，大量外资企业进入中国进行加工贸易或产业链贸易，使中国的出口取得了超常规增长，获得了更多的出口贸易红利和贸易顺差。但这并不能说明在此期间中国的消费和投资需求增速出现了明显下降，因此也不能说明中国经济的内需变得疲软了。事实上，从2005年到2010年，中国固定资产投资增速年均达到了25.7%，社会消费品零售总额年均增速也达到了18.1%，这都是改革开放后相当高的增长速度了。

因此，从三大需求占GDP的比重及其与有关国家的国际比较来判断中国经济内需不足或消费需求不足，不具有足够令人信服的合理性。特别是中国是一个储蓄率比较高的发展中国家，基础设施投资需求、房地产投资需求、工业投资需求在一段时期内增速较快而导致的消费率相对较低，是一种发展中阶段的需求特征，具有特定发展阶段的合理性，也不能据此得出消费对中国经济增长的贡献太低的结论。事实上，过去几年，中国经济的消费增速虽然和投资一样下降了，但由于投资增速下降更快，消费对经济增长的贡献率反而从不到50%，持续提高到了2018年的76.2%，但我们不能据此得出消费增速变快了的结论。

第二个视角是从内需增速或是内需相对于收入增速的关系来看待。从支出法国内生产总值构成中的居民消费支出看，从2000年到2018年，我国居民消费支出按当年价计算，年均增长11.8%，其中城镇居民年均增长12.8%，农村居民年均增长9.1%，政府消费支出年均增长12.2%。同期固定资本形成的年均增速则达到14.5%。统计数据表明，中国经济无论是投资还是消费，都属于比较高的增长速度了，绝对不算是疲软的国内需求。如果从2000年到2018年社会消费品零售总额变动趋势看消费，年均增长了13.5%，从同期固定资产投资看投资变动趋势，则年均增长了20.4%。消费和投资加总后的国内需求有这么快的年均增长速度，无论与世界哪个国家比，都算得上名列前茅。

从全国居民人均可支配收入的增速看，2000年至2018年，年均增速为9.4%，其中城镇居民人均可支配收入年均增长10.7%，人均消费支出年均增长7.5%；农村居民人均可支配收入年均增长10.9%，人均消费年均增长7.6%。从城乡居民可支配收入中消费支出所占份额看，城镇居民的消费倾向持续保持在70%左右的水平，并随着收入提高而有所下降；农村居民消费倾向则持续保持在80%左右的水平，比城市居民的消费倾向高10个百分点左右。这一消费倾向可能低于美国等国家，但这主要是因为中国现有社会保障体系还够不健全、保障水平还不高，城乡居民有着比西方国家更高的预防性储蓄倾向。储蓄率高对一个发展中国家而言并非坏事，意味着有更多的投资资源，这也是中国不同于许多发展中国家资金短缺，而是有相对丰富的储蓄资源可转化为投资的独特优势，也是国内投资需求的重要资源。

上述基于官方统计数据的分析表明，中国经济的国内需求动力并非不足，而是持续强劲的。既然如此，我们多年来持续谈论扩大内需的具体政策意义到底应该是什么，就值得认真思考对待了。如果是想持续刺激消费需求和投资需求总量，由于消费需求是就业和收入的函数，只有经济强劲增长创造更多就业和收入，才能有强劲的消费需求，老百姓如何花钱终归是老百姓自己的事情，最终政府刺激内需的做功就会花在刺激投资上，特别是政府投资和国有投资。这似乎是过去一段时间，特别是国际金融危机爆发以来，国内政策制定者们的一种真实作为和感受。由于这类投资的有效性大大低于民营投资，这样持续下去的负面作用值得担忧。我国经济在国际金融危机后的债务杠杆率从 160% 提高到了 260%，上涨了 100 个百分点，一定程度上也是与此相关的。

三、扩大内需的核心应该是更好满足消费升级

既然中国经济的内需动力并非不足，目前我们再次谈论扩大内需，真实的含义到底应该是什么？这是值得我们认真分析和探讨的决策前提。

事实上，随着城乡居民收入水平的不断提高，无论是城市居

民还是农村居民，都表现出持续的消费升级态势，且消费升级的主要结构性变动，符合教科书描绘的一般规律。一是随着收入水平持续提高，居民消费支出中用于食物支出的比例会持续降低，也就是所谓恩格尔系数的持续降低。在过去5年，我国城市居民恩格尔系数由30%下降到27.7%，农村居民的恩格尔系数由34%下降为30%。

二是随着收入水平提高，服务消费占消费支出的比例会持续上升。比如在过去5年，我国居民教育文化娱乐支出占比由10.7%提高到了11.4%，医疗健康支出占比由6.1%提高到了7.8%；交通通信支出占比由12.5%提高到了13.3%。2000年以后我国服务业增加值年均增速达到9.9%，快于第二产业年均增速（9.6%），使中国服务业增加值占GDP比重从2000年的41.2%提高到2019年的55%，实际上就是由国内消费升级拉动的结果。

三是按照马斯洛的需求层次理论，随着收入水平的不断提高，需求层次会从生理需求层面不断提高，进而转向与个人感觉更密切相关的精神层面的需求，这会导致基于品质、品牌、感受、享受的样化消费需求的比重进一步上升，特别是与精神享受相关的消费需求会进一步上升。

因此，如果中国的国内需求并不是疲软不足的分析结论站得住脚，那么，如何使国内的供给体系更有效地满足消费需求升级，使消费结构升级更好地牵引供给结构变动，就应该作为新时期中国扩大内需的主要内容。主要有两大类值得供给侧关注的内需。

第一类是国内因技术能力不足导致供给难以满足需求的领域。这类需求主要表现在通过进口或海外购买予以满足的领域，在进出口分类中表现为具有持续明显的贸易逆差的领域，主要包括：高端有机化学品、医药制品、初级形状的塑料、有色金属、特种专用机械、金工机械、电力机械器具和半导体芯片等电气零件、专业科学控制仪器等高端制成品；此外在服务贸易领域，存在较大贸易逆差的旅行（2370 亿美元）、运输（660 亿美元）、知识产权（300 亿美元）、研发成果使用费（155 亿美元）、文化娱乐视听（51 亿美元）等领域，也属于国内服务需求外溢较多的领域。其中旅行科目下的内容十分丰富，不只是个人旅游那么简单，包括旅游休闲，海外购物、医疗健康等服务需求。

第二类是因体制机制性因素被制约的国内需求满足。消费需求升级后的国内消费需求，一定是五花八门、眼花缭乱的，很多甚至与人性的复杂性密切相关。如果用某种传统或僵化的体制机制和价值观、道德观去衡量其需求合理性，甚至基于此对这类需求做出高尚、庸俗、低劣的价值判断，并在此基础上进行鼓励或约束，毫无疑问会使某些消费在国内得不到供给侧的响应和满足。在开放条件下，这类消费需求就会外溢到境外，从而带动境外的产品和服务供给，最终会形成我国的产品或服务贸易进口。从我国的现实市场需求和供给侧响应看，我们的的确确存在不少消费需求，因为技术或体制、观念和体制的制约等因素，难以在国内得到供给侧响应，从而导致增长机会的流失，这无论如何都是不应该的。

有人可能会问，到底哪些领域存在上述这类问题？在此不妨举几个十分明显例子：

首先是半导体和高端芯片制造。这主要是由于国内受技术能力的瓶颈制约，供给侧难以提供合格产品，满足国内市场的需求，导致这一领域每年的进口高达3000多亿美元。特别是美国政府明确将这一领域作为对华技术和产品出口限制的领域后，未来国内发展数字经济和产品，将面临更紧的瓶颈制约。这意味着对这类高技术产品的需求，我们可能会面临有钱也买不来的不利局面。当然，西方国家对这类高技术产品的出口限制，一直存在，过去主要只针对军事用途，今后有可能扩大到民用领域，这已经超出了在自由市场经济和自由贸易体系下探讨选择的范围了。

其次是文化娱乐服务领域。这个领域的需求具有多样性，内容十分丰富，是消费需求升级的重要领域，也是人民群众对美好生活的需要的重要体现。但这个领域面临的思想道德观念和体制机制制约也十分明显，文化产品、艺术产品等多多少少还涉及多方面管控。这类需求和供给极容易受到管制和限制，从而使增长机会受到制约。一本书、一场戏、一首歌、一部电影，如果用单一的内容标尺严格审核，可能就完全不能过关，无论是创作者还是投资者，都会面临巨大的不确定性风险，最终的结果是无人愿意创作或投资，也不会有足够多样化的产品。以休闲娱乐业为例，如果洗头洗脚、美容美发行业被戴着有色眼镜严格监管且规则不透明，基层监管处罚自由裁量权很大，从业者也会感觉风险极大，最终会影响投资和服务供给的质量。如果把电游竞技和麻将打牌等输钱赢钱的游戏都严格归类为聚众赌博，很多城市的麻将馆、网吧可能都将无法生存。文化娱乐、旅游休闲领域的许多需求和供给多少与人性的复杂性甚至弱点相关，过于苛刻的道德观管束除了抑制这些领域需求和供给的匹配和增长机会外，并不见得有利于维持社会道德水准的提高。日本经济是一个十分关注人的各类需求满足的样板，且服务精细周到到难以想象的程度，这其中有许多我们可能认为是难登大雅之堂的，但并不妨碍日本社会整体道德水准的维持。这是一个值得我们认真思考对待的领域。

最后是通用航空产业。美国是一个通用航空十分发达的国家，通用航空机场多达一万多个，而我国通用航空产业规划涉及的机场建设也只有500多个。但我国通用航空器的市场需求十分庞大，无人机市场需求巨大，私人飞机的市场需求也随着收入水平的提高迅速增长。在产品供给方面，我国以深圳大疆科技为代表的民用无人机制造能力很强，通用双人座小飞机制造技术和能力也进步很快，便宜到价格在200万人民币左右。但由于国内的空管体制和空管管制一直未有大的突破，很多需求难以实现，买了飞机也难以起飞。如果空管能够合理放开，我们会有更多的高收入人群从玩车、玩船转向玩飞机，飞机俱乐部、飞机驾驶培训、飞机地勤服务、飞机维修、零部件更新等配套产业都会发展起来，通用小飞机和民用无人机都会有更广泛的用途和市场扩展空间。

四、以技术创新和制度改革为核心满足消费升级需要

既然全球疫情蔓延后外部环境可能会持续恶化，我们的确有必要通过尽可能挖掘内需潜力，来弥补外需可能出现的疲软对经济增长的负面影响，弥补可能的外需损失。目前旨在应对疫情衰退的扩内需政策，大多带有应激性和不可持续性。在此基础上，有必要更多关注以下几个方面的作为。

1. 深度推进城市化。中国的城市化是不彻底的，城市化的质量有很大提升空间。现有进城就业的农业转移人口加上城市间转移就业人口有 3.5 亿人左右，这批人绝大多数因为没有就业所在地户口，不能享受就业所在地户籍居民同等的公共服务和社会福利待遇。这使得这批人对未来的预期更为缺乏信心，消费倾向会相对偏低，有住房投资支出能力的也可能因为户籍问题难以实现。如果城市化水平和质量进一步提高，更多的农业转移人口进入城市非农产业就业并成为城市居民，已在城市就业的转移人口能够获得就业所在地户口，那么，中国居民的整体消费和投资能力和意愿还会进一步提高，个人的住宅投资支出（基本和改善型需求）和城市公共设施投资支出还会进一步提高，城市规模、都市圈规模、城市群规模总体上还会进一步扩大。这些都孕育着持续增加的投资和消费需求。考虑到我国目前城市化水平还只有 60% 左右，城乡居民收入差距还有 2.7 倍，城市化动力来源于城乡差距，城市化作为牵引投资和消费需求的平台，至少还能发挥 10 年以上的作用，直至中国城市化率达到 75% 左右的水平。

2. 加大关键领域技术创新。从外部环境的发展趋势看，美国等西方国家出于维护自身竞争优势的考虑，极可能进一步强化对中国在高技术研发合作和产品服务出口方面的限制。这将有可能导致我国外部技术来源变得更不可靠，进而可能迫使中国不得不强化更多领域自主研发、自力更生的资源配置，尽快改变高技术产品和关键技术设备依赖海外供给的局面。这并不是简单出于重商主义思维的政策选择，而是外部技术封锁强化后不得已的进口替代选择。作为结果，如果能在消费升级和产业升级过程中，通过强化自主研发和创新实现更多的进口技术和零部件的进口替代，毫无疑问会扩大国内消费需求和供给，值得持续努力但具有相当难度，需要在科学发现、基础研究、人才培养、环境营造、产学研融合、军民研融合方面进行诸多体制机制改造和资源配置的强化。

3. 推进电动化和电气化。我国是一个能源消费大国，但自然禀赋不足。我国人均能源消费为 3 吨标准煤左右，与美国人均 11 吨标准煤、俄罗斯人均 13 吨标准煤的水平有很大差距，只相当于能源利用效率最高的日本和德国人均消费水平的一半左右。随着居民人均收入水平的提高，消费升级会导致能源消费行为进一步向发达国家趋同，人均能源消费水平也会趋同。即便是向日本和德国趋同，我国人均能源消费还将提高约 1 倍，但前提是必须达到日本和德国的能效水平。这也意味着中国能源消费总量最终会在现有基础上翻一番甚至更多，这将给中国带来能源安全和减排方面的双重挑战和压力。2019 年，中国原油进口超过 5 亿吨，天然气进口9660万吨，总价值超过3000亿美元。石油对外依存度已经达到71%，天然气对外依存度达到43%，且还在进一步上升。相对于粮食安全而言，由于战略储备严重不足，中国的能源安全更具有真实的风险敞口特点，在特殊时间极有可能演变成安全危机。

解决中国能源问题和挑战的出路只有两条，一是全方位加大节能力度，特别是在建筑领域和制造领域加大节能力度，用更有效的激励机制鼓励各类用能主体加大节能技术开发和推广应用，进一步提高国家整体能效水平。二是尽快优化能源结构，重点提高自给的清洁可再生能源比重，在此基础上加快推动电气化和电动化，推进基于风力发电和光伏发电的分布式清洁能源体系建设和能源互联网建设，降低对原油和天然气的进口依存度。这是因为我国在风能、太阳能、核能、生物质能发电方面，还有较大空间通过技术创新和开发模式创新扩大国内供给能力并降低成本，这一替代不仅具有绿色低碳的减排意义，还具有降低能源对外依存度，提高能源自主安全保障能力，扩大能源领域国内需求和供给的长远战略意义。

4. 扩大文化娱乐领域的包容性。从居民消费支出结构变动趋势看，文化娱乐业应该成为国家的支柱产业之一，这是因为收入提高后越来越多的支出会投入到精神文化娱乐享受领域，这是人民群众对美好生活的自然需求。但文化娱乐业的产品和服务，面临的各类监管复杂而严格且多变，给投资者和产品服务提供者带来很大风险，需要政府主管部门在涉及道德标准、情感审美等方面的监管保持足够的弹性和包容性，营造百花齐放、尽情创作、包容创新、争奇斗妍、自由消费的产业发展生态和环境。有人可能会对此表示担忧，但回想改革开放40年来的经历，过去曾经被我们一度打入冷宫的靡靡之音、低俗作品，在如今看来已经是家喻户晓、不值一提了。这说明整个社会对精神文化产品的新鲜需求和审美需求，水平在不断提高，这与整个社会的文化教育水平不断提高也是高度相关，应该在尊重人性、尊重审美多元的基础上开放包容地得到更好满足，让不同需求层次和口味的消费群体能够各取所需、雅俗共赏。文化娱乐业也将因此成为我国重要的经济增长点和出口增长点，成为国民经济的支柱产业之一。

5. 扩大服务领域的对外开放。对多样化和高品质的服务产品的需求是消费需求升级的重要内容，但国内服务业供给侧在满足品种和品质需求升级的能力，受到诸多制约，有的受制于技术和能力，有的受制于各方面的管制措施。总的来看，我国服务业一些领域还保有国有垄断，对内对外开放度低，影响了服务业的市场竞争和服务品质提升，这也是过去一段时期大量国内服务需求外溢，服务贸易逆差不断扩大的重要原因之一。要改变这一格局，需要在服务领域进一步扩大对外资和私人投资的开放，这包括医疗健康、教育培训、文化娱乐、旅游休闲等高品质高端服务领域。只要国内供给的服务品种和品质能够迎合居民消费需求升级后的多样化需求，就能减少需求的外溢，产生扩大内需的效应。

6. 放松不利于满足消费需求升级的过度监管。消费升级难免会产生奢侈性消费，这类奢侈性消费如果基于单一道德尺度来进行价值判断并加以管制和限制，最终将难以形成国内供给，导致消费需求外溢。但对任何一个经济体而言，来自社会少部分富人的奢侈消费往往会通过产业链和服务链带动就业，其作用也不可忽视。在我国，这涉及高尔夫球运动、汽车越野、游艇俱乐部、飞行俱乐部、竞技博彩等方方面面，对这类需求的满足会催生相关产业发展和增长机会。因此，应该对现有监管规则和制度进行相应梳理并做出相应调整、放松、放开，促进这些产业健康发展而不是制约这些产业发展。此外，高收入人群的有支付能力的需求往往也是昂贵的新商品的最初购买者，因此也会诱导新产品研发。新商品随着产量扩大和成本降低，将逐步在全体消费者中普及，进而带动全社会消费升级。对于这一类消费行为，也要更加包容。

7. 更好激励各类民营和外商投资。相对于不断扩大的政府投资和国有投资，基于商业化决策原则的民营投资同样具有可持续性，应该更好激励民营主体扩大投资。政府主导的基础设施投资，无论是采取债务融资还是 REITS 等资产证券化方式融资，最终都要靠项目现金流支撑，需要靠基础设施对使用人的收费来回报投资人。基础设施市场化融资的范围过大，可能导致部分具有公共产品属性的基础设施不得不持续收费甚至过度收费，这类案例在现实生活中已经比较普遍，这类成本最终需要消费者来承担，并提高整个社会的基础设施成本，需要在合理的范围和规模内谨慎推开。民营和外商投资一般基于投资回报进行决策，往往更具有财务可持续性，应该成为投资需求的主体，但需要投资人对市场和未来具有稳定的预期和信心。所以，激励民营投资扩大规模，不仅要创造好的融资服务和条件，还要在制度层面营造更好的投资营商环境，这包括亲清政商关系、公正透明的司法、财产权的法律保护、公平竞争的市场环境、良好的政府公共服务，在这方面还有很大的改进空间。

总结起来，我们的主要观点是，如果政府将扩大内需作为一项长期战略来坚持和实施，重点不在于简单采取财政货币政策刺激投资需求或消费需求，而在于通过供给侧的一系列制度改革和管制的放松，以及日益强化的供给侧技术创新和服务模式创新，使供给侧结构能够基于市场机制更有效地迎合消费需求升级的变化。也就是说，在中国讨论扩大内需，本质上不应该是实施不可持续的总量性宏观刺激政策，而应该是深化供给侧结构性改革和推动创新。这可能是后疫情时代扩大国内需求、弥补可能的外需缺口的应有政策之义，与疫情后的政治、经济和社会稳定，都是密切相关的，值得引起决策层高度重视。

如何系统构建“双循环”新发展格局?

张明（中国社会科学院金融研究所副所长）

一、“双循环”的提出及宏观背景

在2020年7月21日召开的企业家座谈会上，习近平总书记指出:“在当前保护主义上升、世界经济低迷、全球市场萎缩的外部环境下，我们必须集中力量办好自己的事，充分发挥国内超大规模市场优势，逐步形成以国内大循环为主体、国内国际双循环相互促进的新发展格局。”2020年7月30日，中共中央政治局会议指出:“当前经济形势仍然复杂严峻，不稳定性不确定性较大，我们遇到的很多问题是中长期的，必须从持久战的角度加以认识，加快形成以国内大循环为主体、国内国际双循环相互促进的新发展格局。”2020年10月29日，《中国共产党第十九届中央委员会第五次全体会议公报》指出:“形成强大国内市场，构建新发展格局。坚持扩大内需这个战略基点，加快培育完整内需体系，把实施扩大内需战略同深化供给侧结构性改革有机结合起来，以创新驱动、高质量供给引领和创造新需求。要畅通国内大循环，促进国内国际双循环，全面促进消费，拓展投资空间。”2020年12月18日，中央经济工作会议指出，“坚持稳中求进工作总基调，立足新发展阶段，贯彻新发展理念，构建新发展格局，以推动高质量发展为主题，为深化供给侧结构性改革为主线，为改革创新为根本动力，以满足人民日益增加的美好生活需要为根本目的”，“确保十四五开好局，以优异成绩庆祝建党100周年”。从2020年下半年起，“双循环”新发展格局已经成为我国经济政策讨论中最热门的语汇之一。

“双循环”新发展格局是中国政府在潜在经济增速放缓、中美经贸摩擦加剧、新冠疫情冲击的宏观背景下提出的重大发展战略，也是对20世纪80年代末至今中国政府实施的“国际大循环”经济发展战略的重大调整。“国际大循环”框架下的“沿海发展战略”具有三个要点：一是利用我国劳动力充裕的资源优势，发展劳动密集型产业；二是吸引外商直接投资；三是实现“两头在外、大进大出”，使经济运行由国内循环扩大到国际循环。“国际大循环”战略取得了巨大的历史性成功，但随着中国经济与外部环境发生的一系列结构性变化，该战略日益变得难以为继，尤其是在2008年全球金融危机爆发以来至今。自2011年初发布的十二五规划以来，经济政策的重心已经逐渐从侧重国际循环向国内外循环相互协调转变（徐奇渊，2020）。

笔者认为，中国政府在当前形势下提出“双循环”新发展格局，至少有如下两个宏观背景。

一是中国经济增长面临的外部环境发生了重大转变，其复杂程度与严峻程度是改革开放40年来所罕见的。一方面，世界经济增长在2008年全球金融危机爆发之后，深陷“长期性停滞”（Secular Stagnation）格局。在全球经济增长乏力、全球范围内收入与财产分配极度失衡的背景下，民粹主义、孤立主义与保护主义纷纷抬头，贸易与投资的“逆全球化”乱象纷呈。中国经济增长面临的外部需求不仅增长疲弱，而且存在较大的波动性；另一方面，从2018年3月起，中美经贸摩擦持续加剧。目前这一双边摩擦已经由贸易向投资、人才、科技、金融与地缘政治领域扩展，且越来越具有长期化与持续化的特征。由于经济相互融合程度很高，中美全面脱钩的概率并不大，但美国政府有着很强的动力去实现中美在高科技领域的脱钩。在中美经贸摩擦过程中，美国竭力对中国高科技企业进行打压，试图显著削弱中国在技术进步方面的“后发优势”，并努力将中美技术差距锁定在10年、20年甚至更长时间。以芯片行业为例，目前每年中国芯片进口额已经超过原油进口额。中国在高端芯片方面非常依赖从美国的进口，而美国却要努力来“卡脖子”。为了应对外部环境的重大转变，中国经济一方面不得不在更大程度上要依赖内需来驱动增长，另一方面也不得不通过激发国内技术自主创新来对特定高科技产品实施进口替代。

二是随着中国经济总量的崛起，中国经济的对外依存度必然会降低，未来的经济增长潜力将在更大程度上取决于内需的挖掘程度。如图 1 所示，一方面，中国经济的外贸依存度（进出口总额占 GDP 的比率）已经由 2006 年 62.4% 的历史性峰值下降至 2019 年的 31.8%；另一方面，货物与服务贸易净出口对中国 GDP 增长的拉动也由 1994 年至 2007 年期间的年均 0.8 个百分点下降至 2008 年至 2019 年期间的年均 -0.4 个百分点。虽然中国经济的外贸依存度已经下降了将近一半，但依然显著高于美国等发达经济体的水平。这意味着，随着中国经济体量的上升，中国经济增长必然越来越依赖国内需求的支撑，这也是世界经济发展的普遍规律。

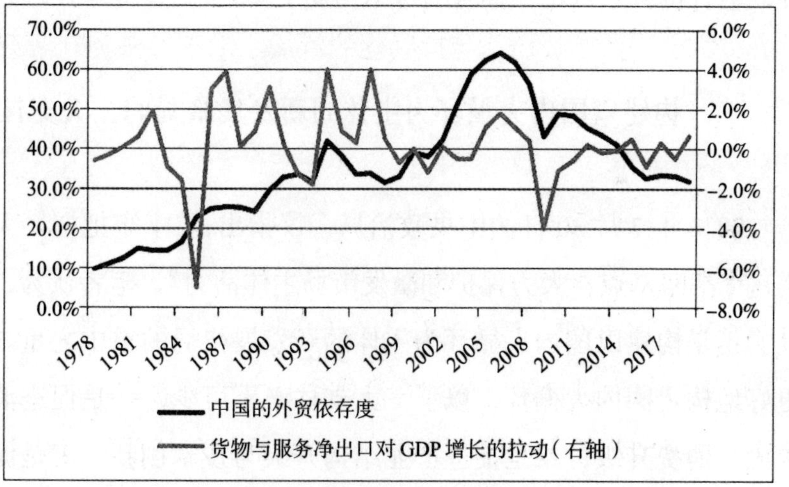

图 1　全球金融危机后中国经济对外需的依赖度显著下降

数据来源：Wind。

构建“双循环”新发展格局有望成为贯穿未来一段时期中国

结构性改革的逻辑主线，也是十四五时期的战略重点。那么，如何构建“双循环”新发展格局呢？2020年12月召开的中央经济工作会议指出，“要紧紧扭住供给侧结构性改革这条主线，注重需求侧管理，打通堵点，补齐短板，贯通生产、分配、流通、消费各环节，形成需求牵引供给、供给创造需求的更高水平动态平衡，提升国民经济体系整体效能。要更加注重以深化改革开放增强发展内生动力，在一些关键点上发力见效，起到牵一发而动全身的效果”。笔者认为，可以把构建“双循环”新发展格局大致分为两个层面，一是构建以国内大循环为主体的新发展格局；二是构建国内国外循环相互促进的新发展格局。在本文的余下部分，笔者将从这两个层面进行深入分析。

二、构建以国内大循环为主体的新发展格局的三大支柱

2020年7月30日的中央政治局会议指出，“牢牢把握扩大内需这个战略基点，大力保护和激发市场主体活力”，笔者认为，这其实正是构建以国内大循环为主体的新发展格局的重中之重。要更好地构建国内大循环，以下三大支柱必不可少，一是促进消费扩大与消费升级，二是促进产业结构升级与技术创新，三是促进要素自由流动，推动新一轮区域一体化。

（一）促进消费扩大与消费升级

中国的最终消费支出占GDP的比重，在改革开放之后经历了先降后升的变化。该指标由1983年的67.3%下降至2010年的

49.3%，随后上升至2019年的55.4%。[①]应该说，迄今为止，中国最终消费占GDP的比重，依然显著低于美国、日本、欧元区等发达经济体。为了进一步扩大居民消费与促进消费升级，中国应该一方面努力提高中国居民收入增速与可支配收入水平，另一方面通过改善消费品供给来促进消费升级。

如图2所示，在2008年全球金融危机爆发后至今，中国社会消费品零售总额同比增速整体上呈现趋势性下降趋势。造成该趋势的主要原因有二,一是同期内城乡居民可支配收入增速是整体下行的（图2），二是同期内居民部门杠杆率显著上升，而杠杆率的上升将会挤出居民消费（图3）。后者的主要逻辑是，全球金融危机之后中国居民杠杆率上升的主要原因是购买房地产。如果一个家庭不得不将更高比例的收入用于偿还房贷的话，那么该家庭能够用于其他消费的收入比例自然就会相应下降。

① 以上数据为笔者根据Wind数据库有关数据进行计算的结果。

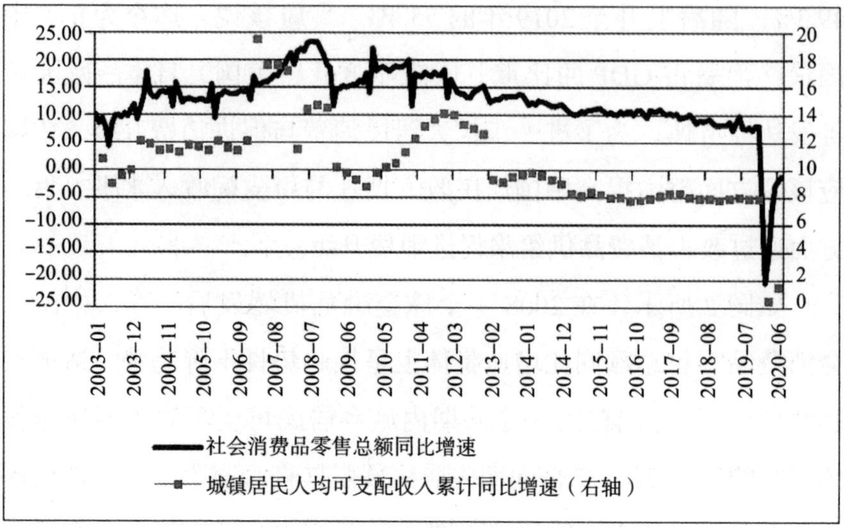

图 2　社会消费品零售总额变动与城镇居民可支配收入增速变动

数据来源：Wind。

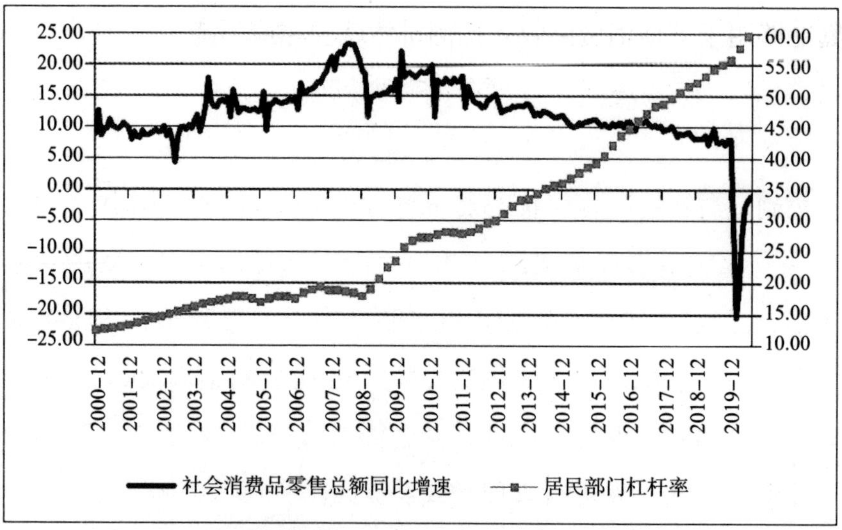

图 3　社会消费品零售总额变动与居民部门杠杆率变动

数据来源：Wind。

因此，为了促进消费扩大，中国至少需要做好如下五方面的工作：第一，在国民收入初次分配层面，应继续努力提高居民部门收入占国民收入的比重。这意味着要降低政府税收与企业利润占国民收入的比重。第二，在国民收入再分配层面，要加大居民部门内部收入再分配的力度。这是因为，中低收入群体的边际消费倾向显著高于高收入群体，因此，通过加大征收财产税等为代表的收入再分配政策调节，促进更多收入从高收入群体向低收入群体转移，将扩大国内消费的增速与规模。第三，中国应该长期坚持“房住不炒、因城施策、构建房地产调控长效机制”的房地产调控思路，避免中国居民部门杠杆率因为房地产价格上涨而继续显著上升，避免房地产畸形繁荣对消费增速的挤压。第四，为了促进广大农村群众与农民工的消费，中国应该进一步深化户籍制度改革、公共服务均等化改革以及农地流转改革。这些改革一方面可以消除农村劳动力面临的各种歧视性政策，另一方面可以增加农民的财产性收入。例如，根据陈斌开等（2010）的研究，在控制住居民的其他特征之后，没有城市户籍的外来居民的消费要比当地城市居民低大约30%。他们进而指出，户籍制度造成的消费损失相当于每年GDP增长的五分之一。第五，为了消除中国居民的后顾之忧，弱化居民部门的预防性储蓄动机，应加快完善社会保障、医疗、教育、养老等领域的改革。例如，将国有企业资产划转社保进行管理，或者提高国企税后红利划转社保的比重，将有助于缓解未来中国社保体系面临的潜在资金缺口，从而有助于降低居民对未来养老压力的担忧，从而促进居民的当期消费。

此外值得格外强调的是，要持续扩大消费，就必须确保民营企业享有足够的成长空间以及与国有企业平等的国民待遇（张明，2020）。民营企业对中国经济的贡献素来有“56789”的说法，也即民营企业贡献了50%的财政收入、60%的经济增长、70%的技术创新、80%的就业以及90%的新增就业。换言之，如果民营企业不能获得足够的成长空间，那么无论扩大就业还是提高居民收入的目标都难以实现。2020年在新冠疫情冲击下，宏观政策新提法“六保”中的“保市场主体”一项，就充分说明了中央政府对民营企业的重视。[①]与国有企业相比，民营企业相对规模更小，更加集中在产业的中下游，应对危机的能力更弱，因此，宏观政策要加大对民营企业的政策倾斜力度，例如增加对民营企业的财政转移支付，实施“直达实体经济”的货币政策等。除此之外，中国也应努力避免宏观经济下行与金融监管强化过程中通常会出现的“国进民退”的格局重演。

如果说，促进消费扩大的要义，在于通过提高居民收入增速来缓解居民在消费需求方面的收入约束的话，那么促进消费升级的要义，则在于通过促进更优质、更广泛的消费品供给来满足“人民群众对美好生活的向往”。这就意味着，首先，考虑到中国城市家庭对传统制造品（例如汽车与家电）的消费已经比较充分，中国应该大力发展先进制造业与现代服务业，为居民部门提

① 所谓“六保”，是指保居民就业、保基本民生、保市场主体、保粮食能源安全、保产业链供应链稳定、保基层运转。

供更高质量与更广范围的消费品选择；其次，考虑到中国家庭对教育、医疗、养老等优质服务的需求长期得不到满足，应该打破国有资本对上述行业的垄断，向民间资本更充分地开放教育、医疗、养老等服务业产业，提高优质公共资源与优质服务品的供给能力。

（二）促进产业结构升级与技术创新

迄今为止，尽管中国企业在全球产业链中已经处于不可忽视的中枢位置，但总体上中国企业仍处于全球价值链的相对低端，需要继续向“微笑曲线”的两段拓展。在中美经贸摩擦显著加强的背景下，美国政府会千方百计向中国施压，试图将中国挤出全球产业链，或者至少是将中国企业锁定在全球价值链的中低端。其他发达国家政府在新冠病毒疫情爆发后也意识到当前全球产业链的重要性，开始讨论寻求产业链的“备份”。全球产业链在疫情之后可能呈现出更加本地化与区域化的特点（沈建光，2020）。在上述背景下要推动国内产业结构持续升级，中国就必须进行以下努力。

一是要通过各种努力来保障中国供应链产业链安全，维护中国在全球产业链中的枢纽地位，并强化中国在东亚产业链中的核心地位。首先，即使在中美贸易摩擦的大背景下，中国企业仍应努力寻求与美国跨国公司的合作。美国作为一个利益多元化的国家，国内决策过程并非铁板一块，仍有较大的政策妥协与博弈空间。因此，中国企业应寻求加强与美国跨国公司合作，将双方利益更紧密地捆绑在一起。其次，在中美冲突长期化背景下，中国企业加强与第三方国家（例如欧盟、英国、日本、加拿大、澳大利亚等发达国家以及其他主要新兴市场国家）企业的合作就变得更加重要。再次，随着全球产业链变化开始更加具备本地化与区域化的特点（魏伟等，2020），中国尤其应该重视与周边国家的合作。从战略意义上而言，在中美冲突加剧背景下，更好地经略东盟与一带一路，对于中国而言具有非常重要的意义。这意味着中国可以充分利用东盟、一带一路沿线国家与自身的发展梯度差异，建立起以中国为雁头的跨国“雁阵模式”，实现中国与东盟、一带一路沿线国家的共同发展。最后，中国企业需要对自己在产业链中的位置以及产业链本身进行积极调整，更多地强调本地化、让更多的产业链环节和终端留在或者靠近本国市场。除了强调产业链的本地化，还应提高对产业链的控制力（余永定，2020）。

二是要激发各种主体活力，努力推动国内技术自主创新。无论是中美贸易摩擦的爆发，还是中国国内技术的快速进步，都意味着未来中国要继续发挥技术创新方面的“后发优势”会变得越来越困难。因此，中国必须努力推动国内技术自主创新，相关政策举措包括：第一，应该全方位加强对各种知识产权的保护，以此来激发各种主体实施技术创新的热情；第二，考虑到民营企业在激烈市场竞争压力驱动下的强烈创新动机，中国应平等保护各类所有制企业，真正做到所有制中性和竞争中性，从而保持并激发民营企业的创新动力；第三，中国过去的教育更偏向于培养工程师思维（也即强调思维的同一化与达成共识），今后要实现创新驱动发展，就必须更加鼓励培养创新思维（也即强调思考的独立性、创造性与批判性）。最后必须指出的是，尽管我们强调要推动国内技术自主创新，我们当然也应该依然重视国际技术交流。在美国的持续遏制下，我们应积极发展与第三方国家之间的技术合作与交流，争取做到“东方不亮西方亮”。

（三）促进要素自由流动，推动新一轮区域一体化

尽管从理论上而言，中国发展的后劲在于有一个规模庞大的国内市场，但迄今为止，这个市场的一体化程度还相当有限。一个重要的问题，是国内要素流动在很大方面依然面临障碍，例如货物运输面临高昂的过路费，货物流通面临着严格的跨省检疫检验等。要素流通的障碍使得中国迄今为止没能充分发挥国内统一大市场的优势，因此也间接制约了消费扩大与产业升级。

为了塑造全国统一大市场，中国应该以要素自由流动为抓手，努力降低要素与商品在国内流通面临的各种有形的与无形的壁垒，消除要素定价市场化的障碍，推动要素的全国自由流动与自由聚集。令人振奋的是，2020年4月9日，党中央、国务院出台了《构建更加完善的要素市场化配置体制机制意见》。该意见的核心思路，就是要完善由市场决定要素价格的机制，完善要素交易规则与服务，促进要素的自由流动。该意见涉及的要素除了土地、劳动力、金融资金等传统要素外，还包括人才、技术、数据等新兴要素。笔者认为，要素的市场化定价与自由流动将成为下一阶段中国推进结构性改革的主要领域。

随着国内要素自由流动的实现以及国内统一大市场的完善，

在未来五年至十年内，中国有望实现新一轮区域经济一体化。而围绕区域经济一体化而产生的都市圈与城市群建设，则将会成为下一轮中国经济增长的新增长动力。

笔者目前最看好中国国内五个区域的发展。第一个区域是粤港澳大湾区，这个区域的核心城市除港澳外，包括深圳、广州与佛山（东莞）。粤港澳大湾区未来有望成为中国的硅谷，这里科技创新与金融服务结合得非常紧密。第二个区域是长三角，这个区域的核心城市包括上海、杭州与南京。长三角区域是目前中国区域一体化与区域内平等化程度最高的地区，且国有经济与民营经济的发展相对均衡。第三个区域是京津冀，这个区域的传统核心城市是北京与天津。如果雄安在未来十年能够快速发展，那么也有望成为京津冀的第三个增长极。第四个区域是中部三角，核心城市是郑州、合肥与武汉。这三个城市是中国高铁时代的最大受益者，他们构成了中国国内统一大市场的“大通道”。第五个区域是西三角，核心城市是成都、重庆与西安。这个三角的特色是制造业发展与科技研究能力相得益彰，且相对而言高素质人力资本的成本较低（张明等，2018）。

不难看出，以上五个区域都各自有一个城市三角形。在每个城市三角形中，似乎都有一个城市金融更发达一些、一个城市研发更发达一些、一个城市制造业更发达一些。这意味着这些城市之间可以更好地发挥比较优势、实现协同发展。这五个区域、15个核心城市，在未来不仅是先进制造业与现代服务业汇聚之地，其自身的房地产市场也有着更加可持续的发展前景（因为面临大规模的青年劳动力流入，以及有着更好的公共资源分布）。

更令人振奋的是，这五个区域在资源禀赋、发展程度、外向型程度方面具有一定的差异性，因此有望形成中国版本的“雁阵模式”。在这个雁阵模式中，粤港澳湾区与长三角处于第一梯队，中三角与西三角处于第二梯队，而五个区域之外的其他区域则形成了第三梯队。京津冀则相对较为特殊，可以称之为“雁头”。这就意味着，在未来，第一梯队的产业与企业未必要因为成本上升向东南亚或其他国家迁移，而可以更多地迁移到第二梯队，而第二梯队的产业与企业可以迁移到第三梯队。通过雁阵模式的逐级传递与扩散，就能够“以南促北、以东促西”，实现区域优先发展之后的全国共同发展。

综上所述，一方面，要素自由流动与新一轮区域经济一体化有助于促进国内统一大市场的形成与完善，从而促进消费扩大、消费升级与产业升级；另一方面，新基建和新一轮都市圈与城市群建设也有助于促进先进制造业与现代服务业的发展。这正是要素自由流动与区域一体化对于创建国内大循环的核心意义。

必须指出的是，加快区域一体化看起来很美好，但也是有成本的。这必然会导致区域间发展差距的再次拉大。现在我们面临一个两难选择：是要阻止要素进一步聚集和超大城市的形成人为地拉平各地发展水平，还是要放开要素流动的束缚、让要素自由聚集、让超大城市继续变大，造成一种差序发展格局，再通过转移支付、让先进者帮助后进者呢？当前中国就面临着这样的两难选择，这个选择的走向迄今为止还不是非常明朗。2020 年 4 月份的要素市场化改革文件是向后者迈了一大步，我们对发展前景拭目以待。

三、构建国内国外双循环相互促进的新发展格局的四个层面

目前存在一种对“双循环”新发展格局的误解，认为这意味着中国将会关上大门、全心全意搞国内市场建设，而会相对忽视未来的双向开放。这种看法是完全错误的。正如习近平总书记在2020年7月21日的企业家座谈会上所指出的，“为国内大循环为主体，绝不是关起门来封闭运行，而是通过发挥内需潜力，使国内市场和国际市场更好联通，更好利用国际国内两个市场、两种资源，实现更加强劲可持续的发展”。黄奇帆（2020）也认为，“形势越困难，就越是要扩大对外开放，以高水平开放反制逆全球化，以改善营商环境反制撤资论，以超大市场的吸引力反制脱钩论”。

那么，如何实现国内国外双循环相互促进呢？笔者对习近平总书记相关讲话的理解是，核心在于利用好中国国内市场庞大发展潜力的优势，实现“以内促外”。以下从贸易、金融、开放、机制这四个层面，来说明如何实现内外循环的相互促进。

（一）贸易层面：双雁阵模式的构建

在贸易层面，中国企业应该抓住全球产业链在新冠疫情后可能发生调整（缩短与区域化）的时机，进一步强化中国在亚洲产业链中的核心位置，尽可能维护中国的全球产业链中的枢纽

地位。在强化产业链核心位置的过程中，中国应该注重发挥两个“雁阵模式”的优势：一是国内的“雁阵模式”，也即以京津冀、粤港澳大湾区、长三角为雁头，以中三角与西三角为第二梯队，以国内其他区域为第三梯队的次序发展模式；二是以中日韩为雁头，以东盟与一带一路沿线相对发达国家为第二梯队，以一带一路沿线欠发达国家为第三梯队的持续发展模式。双雁阵模式的构建既有助于强化中国在亚洲地区三链（产业链、供应链与价值链）的核心地位，也有助于提升亚洲产业链的完善程度与自生能力。

（二）金融层面：推动人民币国际化的新“三位一体”策略

在2010年至2015年期间，中国通过鼓励跨境贸易与直接投资的人民币结算，大力发展以香港为代表的离岸人民币金融中心，中国央行与其他央行签署双边本币互换的“旧三位一体”策略推动人民币国际化。人民币国际化在该时期内的确进展很快，但与此同时面临以下问题：人民币计价功能的发展显著滞后于结算功能；人民币国际化较大程度上受到跨境套汇与套利交易的驱动，从而在汇率升值预期逆转与境内外利差收缩之后，人民币国际化速度显著放缓；过于重视发展离岸金融中心，相对忽视了培育周边国家与一带一路沿线国家对于人民币的真实需求等。

从2018年起，中国已经开始转变推动人民币国际化的策略。新的策略也可以概括为“三位一体”，包括大力发展人民币在大宗商品交易中的计价货币地位，向外国机构投资者加快开放国内金融市场，以及在周边国家与一带一路沿线培养对于人民币的真实需求。不难看出，人民币国际化的“新三位一体”策略有助于克服旧“三位一体”策略的固有缺陷，有助于推动人民币国际化更加稳定、更可持续地推进（张明、李曦晨，2019）。此外，新“三位一体”的人民币国际化策略，也可以和上述双雁阵模式的构建有机结合起来，实现贸易与金融目标的相互联动与相互促进。

（三）开放层面：夯实自贸区与自贸港内涵，在风险可控前提下加快国内金融市场开放

2020年6月1日党中央、国务院出台了海南自贸港建设总体实施方案之后，中国到目前为止已经拥有了21个省级自由贸易试验区与1个省级自贸港。换言之，中国三分之二的省与直辖市已经成为自贸区与自贸港。然而，迄今为止，除了上海自贸区之外，大多数其他自贸试验区在发展重点与发展特色方面都没有给人留下特别清晰的印象，出台的建设方案非常雷同。因此，下一阶段自贸试验区、自贸港建设，应尽快夯实各自的内涵，结合各省市的资源禀赋与比较优势出台具有鲜明个性化与特色的自贸试验区、自贸港建设方案，并以这种建设来带动区域经济更高层次、更高水平的发展。

自2018年年初至今，中国国内金融市场的开放明显提速。一方面，外国机构投资者投资国内金融市场的额度被明显放宽，在2019年下半年，中国央行取消了QFII的额度限制；另一方面，到2020年底，中国国内将出现各类外资控股甚至独资经营的金融机构。中国国内金融市场的加速开放，有助于引入更多高

水平的参与者、更完善的市场竞争机制，提升中国金融市场的广度与深度，也有助于促进人民币国际化。然而，近几年来，中国市场也越来越体会到跨境投资大进大出对国内资产价格与金融稳定可能产生的负面影响。因此，在加快国内金融市场双向开放的同时，中国政府也应该积极监测与防控这一过程中可能存在的潜在风险，例如短期资本大进大出、境内与境外冲击与预期的相互强化等。笔者认为，在国内金融市场加快开放的背景下，中国央行仍有必要保留对短期资本流动的管制，以防止跨境资本大进大出加剧国内金融体系的系统性风险。

（四）机制层面：充分利用现有国际多边机制，推动中国倡议的多边机制建设

当美国的经济外交政策日益表现出保护主义与孤立主义的同时，作为全球化的受益国，中国应该坚定不移地充当国际社会内推动经济全球化的旗手。一方面，中国应充分利用好现有国际多边机制的作用，例如联合国、G20、WTO、贸发会议、IMF、世界银行、世界卫生组织、巴黎协定等；另一方面，中国应该继续推动由中国政府倡议的新多边机制建设，例如一带一路、RCEP、亚洲基础设施投资银行、金砖开发银行、丝路基金等。在后者的建设过程中，应该充分吸引民间力量的参与，提高市场化程度，这样既能降低特定国家对这些多边机制的怀疑与抵触心理，又能够增强这些多边机制发展的可持续性。

2020 年 11 月 15 日，中国、日本、韩国、澳大利亚、新西兰和东盟等 15 国正式签署全球最大规模的自由贸易协定——区域

全面经济伙伴关系协定（RCEP）。RCEP 的签订将为双循环新发展格局的构建提供重大机遇。在贸易层面，中国应该抓住全球产业链在新冠疫情后可能发生调整（缩短与区域化）的时机，把握 RCEP 签订带来的机遇，加强与中日韩及东盟 10 国间的联系，进一步强化中国在亚洲产业链中的核心位置，尽可能维护中国在全球产业链中的枢纽地位，在金融层面，中国应将 RCEP 建设与新“三位一体”的人民币国际化策略相结合，推动新一轮人民币国际化进程。在开放层面，应考虑将 RCEP 成员国与中国自贸区自贸港进行有机对接；在机制层面，应在 RCEP 治理方面采用一套适合新兴市场国家的自主治理模式。

四、结论

“双循环”新发展格局是中国在外部环境变得日益复杂严峻、经济体量放大导致对外依存度显著下降的宏观背景下提出的重要举措，具有划时代的战略意义。要构建以国内大循环为主体的发展格局，就必须促进消费扩大与消费升级、推动国内产业结构持续升级、推动要素自由流动与区域经济一体化。要构建国内循环与国际循环相互促进的发展格局，就应该在贸易层面推动国内国际双雁阵模式的构建；在金融层面推动新“三位一体”策略的人民币国际化，在开放领域夯实自贸区与自贸港内涵，并在风险可控前提下加大国内金融市场开放；在机制领域既要充分利用现有国际多边机制，又要在市场化的前提下推动中国倡议的多边机制建设。

参考文献

1. 徐奇渊:《如何理解双循环？》,《中国金融四十人论坛》，2020-08-05。

2. 陈斌开、陆铭、钟宁桦:《户籍制约下的居民消费》,《经济研究》，2020 年第 1 期。

3. 张明:《准确理解双循环　推动新一轮区域一体化发展》,《四川日报》，2020-08-26。

4. 沈建光:《中国不应低估产业链转移风险》,《中国新闻周刊》，2020-08-26。

5. 魏伟、陈骁、薛威:《全球产业链及疫情后的重构展望》,《平安证券宏观研究》，2020-05-27。

6. 余永定:《解决好内循环的八个要点问题　就不怕美国的脱钩和封锁》,《新京报》，202-08-12。

7. 张明、陈骁、魏伟:《五个城市三角：新时代中国经济增长的主引擎——新时代区域经济一体化系列研究之六》,《平安证券宏观研究》，2018-10-30。

8. 黄奇帆:《如何构建完整的内需体系　形成国内国际双循环新格局》,《中国金融四十人论坛》，2020-07-26。

9. 张明、李曦晨:《人民币国际化的策略转变：从旧“三位一体”到新“三位一体”》,《国际经济评论》2019 年第 5 期。

新发展格局与2021年宏观经济政策展望

管涛（中银证券全球首席经济学家）

2020年5月份以来，中央提出加快构建以国内大循环为主体、国内国际双循环相互促进的新发展格局。到10月底，新发展格局被正式纳入十九届五中全会审议通过的《关于制定国民经济和社会发展第十四个五年规划和二〇三五年远景目标的建议》（以下简称规划《建议》)，与新发展阶段、新发展理念合称三大核心要义。2021年是十四五规划的开局之年，也是推动构建新发展格局的起步之年。本文拟围绕如何理解新发展格局，特别是如何推进开放的双循环，货币政策和汇率政策如何支持新发展格局迈好第一步、见到新气象等问题，展开分析。

一、新发展格局是中国改革开放的实践总结和理论升华

（一）“大循环”早已从权宜之计转变为长期战略

扩大内需是新发展格局中“大循环”的出发点和落脚点。这不是应对外部环境变化的权宜之计，而是过去二十多年中国经济发展方式转变的积极成果。

改革开放以来，中国借鉴日本和亚洲“四小龙”经济腾飞的成功经验，逐步确立了出口导向型经济发展战略。但 1997 年以来，东南亚货币危机逐渐演变成席卷全球新兴市场的亚洲金融危机，对中国经济发展负面影响不断加深。为此，1998 年 2 月，中共中央、国务院《关于转发〈国家计划委员会关于应对东南亚金融危机，保持国民经济持续快速健康发展的意见〉的通知》指出，要“立足扩大国内需求，加强基础设施建设”。这是中央文件首次将“扩大国内需求”作为一项政策提出来。1998 年底，中央经济工作会议明确，扩大国内需求，开拓国内市场，是中国经济发展的基本立足点和长期战略方针。2002 年底党的十六大再次强调，扩大内需是中国经济发展长期的、基本的立足点。

随着亚洲金融危机影响逐渐消退，以及中国正式加入世界贸易组织，外需对中国经济增长的拉动作用逐步恢复。2006 年底中央经济工作会议指出，中国国际收支平衡主要矛盾已由过去的外汇短缺转为贸易顺差过大和外汇储备增长过快。会议提出，保持经济平稳较快发展要正确处理好投资和消费的关系、内需和外需的关系，最根本的是扩大国内消费需求，当前工作着力点是调投

资、促消费、减顺差。

2008年底，全球金融危机爆发，世界经济衰退，再次凸显了扩大内需战略的重要性。2010年底，十七届五中全会审议通过十二五规划建议，将扩大内需排在首要位置，同时也是首次在五年规划建议中独立成篇。2012年底，党的十八大提出要推进经济结构战略性调整，牢牢把握扩大内需这一战略基点，加快建立扩大消费需求长效机制，扩大国内市场规模。2017年底，党的十九大虽然没有提及扩大内需这一概念，但提出要增强消费对经济发展的基础性作用，发挥投资对优化供给结构的关键性作用。2018和2019年底中央经济工作会议基本延续了这种提法。2020年5月底，“两会”政府工作报告重提要坚定实施扩大内需战略。直至这次扩大内需再度被写入十四五规划。

（二）新发展格局要坚持开放的“双循环”

中央提出构建新发展格局后，有人将“大循环”解读为中国经济发展的“自循环”或“内卷化”，这种理解是不准确的。

内外经济均衡协调发展是中国经济发展韧性足的重要表现。经过二十多年转变经济发展方式，中国经济增长动力更加多元，逐渐形成了“外需不行内需补、内需不行外需补”的新格局。2019年，投资和消费对中国经济增长的拉动作用减弱，但外需对经济增长拉动作用增强，全年实现了6%以上的增长。2020年前三季度，中国经济累计同比增速转正，主要是由于第二、三季度投资、外需、消费对经济增长拉动作用渐次转正，前三季度外需拉动作用累计仅下降0.9个百分点，远小于内需（消费与投资合计）拉动作用累计回落4.6个百分点对经济增长的拖累。在经济结构调整和转型升级中，“双循环”培育和发展了新优势，给了我们承受和抵御各种内外部风险冲击的信心和底气。所以，正如中央指出的那样，构建新发展格局，不仅不是人为切断内外经济循环，而是要形成国内国际循环相互促进的局面。

同时，十九届五中全会认为，当前和今后一个时期，中国发展仍然处于重要战略机遇期，但机遇和挑战有了一些新的发展变化。为此，全会提出要统筹中华民族伟大复兴战略全局和世界百年未有之大变局，增强机遇意识和风险意识，立足基本国情，保持战略定力，办好自己的事，善于在危机中育先机、于变局中开新局，抓住机遇，应对挑战，趋利避害，奋勇前进。

改革开放以来特别是加入世贸组织后，中国市场和资源“两头在外”，形成“世界工厂”发展模式，对中国快速提升经济实力、改善人民生活发挥了重要作用。近几年，随着全球政治经济环境变化，逆全球化趋势加剧，传统国际循环明显弱化。在这种情况下，必须把发展立足点放在国内，更多依靠国内市场实现经济发展。同时，强调新发展格局绝不是封闭的国内循环，而是开放的国内国际双循环。

规划《建议稿》的分论部分，从十二个方面阐述了“十四五”时期我国经济社会发展和改革开放的重点任务，处处都体现了开放的“双循环”理念。

规划《建议》稿在“实行高水平对外开放，开拓合作共赢新局面”部分提出，要坚持实施更大范围、更宽领域、更深层次对外开放，依托中国大市场优势，促进国际合作，实现互利共赢。

规划《建议》稿在“形成强大国内市场，构建新发展格局”部分对开放的“双循环”做出重要部署：协同推进强大国内市场和贸易强国建设，以国内大循环吸引全球资源要素，充分利用国内国际两个市场两种资源，积极促进内需和外需、进口和出口、引进外资和对外投资协调发展；完善内外贸一体化调控体系，促进内外贸法律法规、监管体制、经营资质、质量标准、检验检疫、认证认可等相衔接，推进同线同标同质；全面促进消费，培育国际消费中心城市。

规划《建议》稿在“坚持创新驱动发展，全面塑造发展新优势”部分提出，要坚持创新在中国现代化建设全局中的核心地位中，把科技自立自强作为国家发展的战略支撑，其中“四个面向”之首就是要“面向世界科技前沿”。为此进一步提出，强化国家战略科技力量，支持北京、上海、粤港澳大湾区形成国际科技创新中心；激发人才创新活力，实行更加开放的人才政策，构筑集聚国内外优秀人才的科研创新高地；完善科技创新体制机制，促进科技开放合作，研究设立面向全球的科学研究基金。

规划《建议》稿在“全面深化改革，构建高水平社会主义市场经济体制”部分提出：完善宏观经济治理，加强国际宏观经济政策协调，促进经济总量平衡、结构优化、内外均衡；建立现代财税金融体制，推进金融双向开放。

规划《建议》稿在“加快发展现代产业体系，推动经济体系优化升级”部分提出：坚持自主可控、安全高效，分行业做好供应链战略设计和精准施策，推动全产业链优化升级；加强国际产业安全合作，形成具有更强创新力、更高附加值、更安全可靠的产业链供应链。

二、十四五规划部署稳慎推进人民币国际化

十四五规划《建议》稿在“实行高水平对外开放，开拓合作共赢新局面”部分中，对下阶段人民币国际化的具体部署是：“稳慎推进人民币国际化，坚持市场驱动和企业自主选择，营造以人民币自由使用为基础的新型互利合作关系。”下面围绕这个问题进行深入分析。

（一）这种表述与十三五规划略有不同

十三五规划《建议》稿也是在对外开放部分提出，“有序实现人民币资本项目可兑换，推动人民币加入特别提款权，成为可兑换、可自由使用货币”。

此稿于2015年11月3日正式发布，而人民币是于同年10月30日才被国际货币基金组织批准加入特别提款权篮子货币（简称“入篮”）（正式生效日为次年10月1日），进而成为国际认可的国际化货币。显然，十三五规划《建议》稿的成稿要早于这天，前文中并无关于人民币国际化的直接表述，而是以成为“可自由使用货币”替代，因为这是成为特别提款权篮子货币的两大标准之一（另一标准是出口规模）。直到2016年3月全国“两会”审议通过十三五规划《纲要》，才提出“有序实现人民币

资本项目可兑换，提高可兑换、可自由使用程度，稳步推进人民币国际化，推进人民币资本走出去”。

“稳慎”是“稳步”与“慎重”的组合，因此，比“稳步推进”更偏稳健。国家正式文件上次用到“稳慎”一词，是2016年3月底国务院常务会议提及“稳慎推进人民币资本项目可兑换”。当时，中国正在经历股市和汇市震荡。关于人民币资本项目可兑换的官方表述，从2014年底的“加快实现”、2015年初的“稳步实现”，一年后改成了“稳慎推进”。

2020年，受新冠肺炎疫情大流行影响，全球出现经济大衰退、金融大动荡。但由于中国疫情防控有效、政策应对得力、经济率先复苏，加之中外利差较大，外资稳步增加人民币股票和债券资产配置。据国际货币基金组织统计，2020年前两个季度，全球持有的人民币外汇储备资产总额和市场份额均连创历史新高。6月初以来，人民币汇率先抑后扬，持续走高。

在此背景下，国内不少人呼吁，中国应借机加快国内金融市场开放，加速推进人民币国际化进程。不少境外投资大咖也纷纷表示人民币资产被低配，看好人民币储备货币的前景。与此同时，近来人民币股票和债券越来越多被纳入国际指数或被提高权重。现在，官方一方面只提“推进金融双向开放”，前面未见任何修饰词，另一方面还提出要“稳慎推进人民币国际化”。这些都或许低于市场预期。

（二）这反映了中国政府清醒冷静的判断

经常有人讲，中国作为世界第二大经济体、最大外贸进出口国，以及对外投资和利用外资大国，人民币国际化程度明显偏低。但换个角度看，人民币国际化与中国的金融开放程度、市场承受能力和金融监管水平相适应，很难讲是被低估了。

与五年前人民币刚被批准“入篮”时相比，随着金融市场对外开放扩大，境外对境内人民币金融资产的持仓量翻了一番，持有结构也从以贷款存款为主转向以股票债券为主。人民币国际化与资本项目可兑换合二为一，人民币国际化也从离岸市场驱动转为在岸市场驱动。同时，面对境外有序增持境内人民币金融资产，中国总体上处于舒适区，不论从数量还是质量来讲，迄今尚未有不适的反应。

然而，我们显然不能以为上海的全球金融中心指数排名升至第三位，就把上海等同于纽约、伦敦一样的国际金融中心，因为我们的软环境与它们还相距太远。如其他国际金融中心大都是负面清单管理，而我们还处于从正面清单向负面清单转变的过渡时期。现实中，我们对许多跨境投融资活动在交易或汇兑环节还有不同程度的限制，不同于国际上通行的商业化、市场化操作。

从正面清单转为负面清单难以一蹴而就，需要一系列配套条件，如：加快构建新发展格局，培育参与国际竞争合作的新优势；建立现代财税金融体制，完善宏观经济治理；健全要素市场运行机制，发展多层次金融市场体系；深化产权制度改革，加强产权保护；激发各类市场主体活力，优化营商环境；推进贸易创新发展，增强对外贸易综合竞争力，等等。而规划《建议》稿通篇都在谋划布局“改革、开放、创新”这三件事情。

同时，国际货币体系存在路径依赖、网络效应。尽管人民币在大部分货币国际化指标中排名有所提升甚至已经靠前，但仍难以比肩美元、欧元、英镑、日元等主要国际化货币。特别是美元享有极其明显的优势，成为国际货币体系的中心货币，甚至欧元都远不能与之相比。故不能简单将人民币与美元进行对标，而要清醒认识到人民币尚处于从不可兑换、不可自由使用的外围货币，向欧元、英镑等可兑换、可自由使用的次中心货币爬升的阶段，是新兴的国际化货币。

此外，虽然和平与发展仍然是时代主题，但国际环境日趋复杂，不稳定性不确定性明显增加。中央多次强调，今后一个时期我们将面对更多逆风逆水的外部环境，必须做好应对一系列新的风险挑战的准备。特别是当前疫情大流行使这个大变局加速变化，全球产业链供应链受到非经济因素的冲击，宽流动性、低利率加剧国际金融动荡。我们要高度警惕由外部输入风险引起的资本大进大出、汇率大起大落。不成熟的金融开放最终以金融危机收场，新兴市场和发展中国家这方面的教训屡见不鲜。日本经济停滞的教训之一，也是在金融开放、日元国际化问题上，理论和政策的准备不足。

（三）这符合稳中求进的工作总基调

规划《建议》稿强调要“稳慎推动人民币国际化”，反映了中国政府统筹国内国际两个大局，工作稳中求进。规划《建议》稿的编制原则之一就是处理好发展和安全的关系，越开放越要强调安全发展，确保不发生影响现代化进程的系统性风险。况且，既稳妥又慎重地推动人民币国际化，并不影响我们在时机成熟情况下，创造条件、适时推进相关工作。

规划《建议》稿提出人民币国际化要“坚持市场驱动和企业自主选择，营造以人民币自由使用为基础的新型互利合作关系”。现在，国内政策上基本是本外币统一待遇，即外汇可以做的，本币也一样可以做，给市场提供了公平选择的机会。所以，人民币国际化更多是取决于市场接受和认可程度，是一个顺其自然、水到渠成的过程。政策上过于高调，反易招致无端猜忌或者非议。

当然，这并不是说人民币国际化是“皇帝女儿不愁嫁”。作为新兴国际化货币，在培育市场需求方面还需要下大力气，以提高市场对人民币的认知度和接受度。为此，一方面，境内企业和机构要积极创造条件，引导市场增加或接受人民币计价结算；另一方面，政府部门要进一步简化手续凭证，完善金融基础设施，加强国际合作，提高人民币跨境流通使用的便捷性，降低交易成本。也许刚开始这样做，并没有什么立竿见影的经济效益。

同时，我们还要提升与开放形势相适应的金融监管能力，包括加强跨境资本流动监测预警，建立宏观审慎管理框架，提高监管的专业性和有效性，建好各类“防火墙”。即便我们不可能靠监管事先防住所有风险，但也要避免监管和防火墙滞后太多，酿成重大系统性风险。

从实践看，如果开放进展顺利，有助于凝聚共识、推进改革；如果开放遭遇挫折，就难免信心动摇、走回头路。当前我们哪怕还做不到负面清单管理，但也要争取开放做加法不做减法、管制做减法不做加法。这样，才能通过可预期的开放取信于市场，稳定投资者预期，吸引中长期资本流入。

此外，十三五规划强调的“有序实现人民币资本项目可兑换”，在此次十四五规划建议却只字未提。这或许有以下考虑：一个是与十八大报告相比，十九大报告已经删除了关于人民币资本项目可兑换的提法，十四五规划与之保持一致；另一个是规划《建议》稿在其他部分提到了推动金融双向开放、有序扩大服务业对外开放、赋予自贸区自贸港更大改革自主权等重点任务，这本身就是资本项目可兑换（资本项目可兑换包括金融服务和金融交易的开放，以及交易的自由和汇兑的自由）的重要内容，不提不等于不推进资本账户的开放；再一个是如前所述，近年来人民币可兑换一定意义上与人民币国际化已经融为一体，故稳慎推进人民币国际化其实也就相当于稳慎推动人民币资本项目可兑换。

三、2021年中国货币政策与汇率政策展望

（一）宏观调控跨周期调节的现实挑战

2020年7月30日中央政治局会议，除从持久战的角度提出要加快形成新发展格局外，还首次提出要“完善宏观调控跨周期设计和调节，实现稳增长和防风险长期均衡”。市场对于“跨周期调节”普遍从平衡短期稳增长与中长期防风险关系的角度进行解读，但这恐非“跨周期调节”的全部。当前更为迫切的挑战是，下阶段宏观调控如何应对疫情防控常态化前提下，经济由收

缩向扩张阶段的快速转变。

传统的宏观调控大都是逆周期调节，以熨平经济周期性的波动。通俗地讲，就是经济收缩时，实施扩张性的财政货币政策；经济扩张时，则实施紧缩性的财政货币政策。目标是避免经济过冷（较大的负产出缺口，通常伴随着较多失业甚至通货紧缩）或者过热（较大的正产出缺口，通常伴随着较高通胀和劳动力供给短缺），以对冲经济损失，缓释金融风险。这是 2020 年下半年以来，市场预期 2021 年中国经济有望快速反弹，远高于潜在产出水平，财政货币政策将要退出的重要原因。

然而，早在 2020 年 8 月 17 日，笔者就在《第一财经日报》撰文《中国经济由收缩转向扩张阶段的宏观调控：跨周期调节现实挑战》指出，鉴于这次疫情引发的经济周期性波动不同以往，故我们不宜简单套用过去的逆周期调节模式。跨周期调节要把握保增长与防风险的有效平衡，既要避免对冲政策退出过迟产生更多后遗症，又要避免退出过快导致复苏夭折。这将考验宏观调控跨周期设计和调节的技巧，下阶段宏观调控要考量的因素应该包括但不限于以下几点：

首先，要对经济景气做出更加全面准确的判断。在经济复苏由供给端快速修复转向需求端逐步改善，经济逐渐回升时，不但要关注经济增长指标，更要关注就业和通胀指标，避免不成熟的政策退出。

其次，要注意分析经济复苏的动力源泉。如 2020 年第二季度，经济恢复正增长主要是因为投资特别是公共部门投资对经济增长的拉动作用增强，民间投资和制造业投资仍然低迷，社会消费品零售总额依然同比下降。要避免政策过快转向，抑制民间投资和制造业投资，以及消费需求的恢复。况且，保持宏观政策的连续性稳定性，本身也是优化营商环境的应有之义。

再次，要注意加强政策的协调配合。如要完善“货币政策+宏观审慎”的金融调控双支柱。其中，货币政策应该主要关注增长、就业和通胀目标，打击资金空转套利应该主要发挥宏观审慎和其他金融监管政策的作用。用货币政策抑制资产泡沫，有可能伤及实体经济，是因噎废食。

最后，要打好“纾困+改革”的组合拳。制度是长期的、稳定的，政策是临时的、变化的。故在通过加大财政货币政策逆周期调节力度降低疫情损失的同时，更要通过坚定不移推进改革，继续扩大开放，持续增强发展动力和活力，实现发展规模、速度、质量、结构、效益、安全相统一。

（二）货币政策不会急转弯基本符合预期

2020年底中央经济工作会议指出，在肯定成绩的同时，必须清醒看到，疫情变化和外部环境存在诸多不确定性，中国经济复苏基础尚不牢固。2021年世界经济形势仍然复杂严峻，复苏不稳定不平衡，疫情冲击导致的各类衍生风险不容忽视。为此，会议提出要巩固拓展疫情防控和经济社会发展成果，更好统筹发展和安全，扎实做好“六稳”工作，全面落实“六保”任务，科学精准实施宏观政策，努力保持经济运行在合理区间。会议强调，2021年宏观政策要保持连续性、稳定性、可持续性，保持对经济恢复的必要支持力度，政策操作上要更加精准有效，不急转弯。其中，稳健的货币政策要灵活精准、合理适度，保持货币供应量和社会融资规模增速同名义经济增速基本匹配，保持宏观杠杆率基本稳定。

这与笔者的预期基本一致。2020年9月27日，笔者在《第一财经日报》发表文章《当前货币政策宜多看少动》；2020年11月5日联合发布中银研报《央行如何应对疫情下半场》；2020年12月19日基于12月1日在年度策略会上的主旨演讲又联合发布中银研报《逻辑比结论重要：关于2021年货币政策与人民币汇率走势的猜测》。

在上述文章和研报中，我们阐述的主要政策逻辑是：政策悬崖是上次各国危机应对的重要教训，政策过快过早退出会引起经济不适；应对经济收缩与扩张周期的快速切换，不能沿用过去的逆周期调节思路；鉴于疫情上半场货币政策保持了定力，下半场退出也没有必要太迫切；鉴于2021年内外部的不确定性不稳定因素较多，保持宏观政策连续性和稳定性，有助于优化营商环境、稳定市场信心。因此，我们的结论是，2021年货币政策或许不像市场想象的那么紧。

对于2021年货币政策操作，笔者有以下几点判断：

第一，债务可持续是全球性挑战，但去杠杆是一项技术活。2021年经济反弹有望抑制中国宏观杠杆率的上升势头。在内外部不确定性较多的情况下，2021年应该是稳杠杆而非降杠杆。

第二，鉴于2021年中国经济将是更加全面的恢复，货币政策在继续使用直达工具精准滴灌的同时，还会适当采取公开市场操作、法定存款准备金率等总量工具，提高货币政策传导效率，引导债券市场利率走低，促进直接融资发展。

第三，稳健的货币政策要灵活精准、合理适度，既不让市场缺钱，也不让钱溢出来。金融服务实体经济不能搞钱生钱的交易。金融调控双支柱将主要发挥宏观审慎与其他金融监管政策的作用，继续打击资金空转，预防资产泡沫。从这个意义上讲，投资者要降低赚流动性的钱、赚快钱的冲动，更多去赚估值的钱、赚慢钱。

第四，期待央行在增强货币政策操作的规则性和透明度的基础上，进一步改善货币政策沟通机制，有效管理和引导市场预期，这是健全现代货币政策框架，畅通货币政策传导机制的应有之义。

（三）汇率维稳工作重新突出但没有无痛的政策选择

十四五规划《建议》稿中不仅对人民币资本项目可兑换只字未提，也对汇率市场化改革只字未提，但这并不意味着汇率市场化改革的完成或者停滞。2015 年“8.11”汇改以来，人民币汇率逐渐由单边下跌转为双向波动，经受了多轮冲击的考验，央行逐渐基本退出了外汇常态干预。近期，中间价报价机制中“逆周期因子”已被淡出使用，显示汇率政策进一步回归中性，更多发挥市场在汇率形成中的决定性作用。增强人民币汇率弹性，更好发挥汇率在宏观经济稳定和国际收支平衡中的“自动稳定器”作用，已成为基本共识和日常工作。因此，规划《建议》稿没有再提人民币汇率问题。

2020年底中央经济工作会议公报提出，要深化利率汇率市场化改革。这证实了我们的这种判断。同时，会议公报还提出，保持人民币汇率在合理均衡水平上的基本稳定。时隔两年，中央经济工作会议公报重提汇率维稳目标，主要是因为2020年6月份以来人民币汇率持续走高已引起各方的关注。

汇率市场化程度提高，对于宏观经济的稳定器作用逐步发挥。一方面表现为，2008年亚洲金融危机以来，通过调结构、扩内需、减顺差、促平衡，辅之以人民币双边和多边汇率升值，推动了中国经济再平衡。鉴于对外经济平衡状况的改善，国际货币基金组织自2016年起一再强调人民币汇率符合中长期基本面水平，既没有高估也没有低估。这有力地驳斥了国际上对我“货币操纵”指责的不实之词。

另一方面表现为，近年来随着人民币汇率双向波动，增强了货币政策独立性，减轻了对资本外汇管制的依赖。2020年的情况则更为典型。我们一直强调机制比水平重要是人民币汇改的真谛。正是因为2019年8月份人民币汇率跌破7，打开了汇率可上可下的空间。2020年前5个月遭受各种极端事件的轮番冲击时，人民币汇率围绕7上下波动，成为吸收内外部冲击的“减震器”。到5月底，人民币汇率甚至跌至十二年来的新低。我们自始至终没有采取任何行政干预措施，继续推进贸易投资自由化便利化，坚定不移地扩大对外开放。同时，中国央行领先全球进入抗疫模式，采取有梯度、有针对性的价格和数量工具，保持市场流动性合理充裕，有力地支持了新冠疫情防控和企业复工复产工作。

然而，当经济内外平衡目标冲突时，顺周期的汇率波动对宏观经济稳定也是挑战。例如，经济过热（通货膨胀）、贸易顺差时，汇率升值既有助于平衡贸易收支，也有助于抑制通货膨胀，是稳定器。但是，如果经济偏冷（通货紧缩）、贸易顺差时，汇率升值则有助于平衡贸易收支，却会加剧通货紧缩趋势。反过来，经济偏冷（通货紧缩）、贸易逆差时，汇率贬值既有助于平衡贸易收支，又有助于抑制通货紧缩，是稳定器。但是，如果经济偏热（通货膨胀）、贸易逆差时，汇率贬值有助于平衡贸易收支，却会加剧通货膨胀。其中，最后一种情形，通货膨胀、贸易赤字往往会触发第一代货币危机理论描述的基本面危机。从这个意义上讲，汇率是加大经济周期性波动的“放大器”。而且，所有的资本流动冲击都是从流入开始的，它不但惩罚政策失败者，也惩罚政策成功者。前期因经济成功吸引的外资流入越多，一旦市场情绪逆转，引发的资本集中流出压力就越大。

关于最优汇率选择的国际共识是，没有一种汇率选择适合所有国家以及一个国家所有时期。市场化汇率最大的问题就是汇率超调。2020 年人民币汇率走势先抑后扬，6 月份至年底持续升值 7 个月，累计涨幅近 10%，较年初累计上涨 6% 还多。鉴于境内企业跨境外币收付的近九成都是美元，给出口企业带来了较大的财务压力。最近，甚至有人预测 2021 年人民币汇率有可能升破 6。短期内人民币汇率持续较多的升值，在中国经济弱复苏背景下，增加了宏观调控的复杂性。

关于2021年的人民币汇率走势和汇率政策，笔者有以下几点判断：

首先，2020年下半年人民币汇率持续走强，是疫情控制好、经济复苏快、中美利差大、美元走势弱等多重因素共振的反映。中国外汇市场具有较强的适应性预期，容易出现顺周期的羊群效应。但影响汇率升贬值的因素同时存在，升贬值因素是此消彼长的关系，跌多了会涨、涨多了会跌。2021年新冠疫情发展和经济金融恢复仍存在较多不确定不稳定因素。因此，尤其要警防外汇市场对于中国疫情防控和经济复苏领先等利好反映的钝化，重新转向关注新的利空。

其次，理论上讲，顺周期的汇率变化不总是宏观经济的“稳定器”，还可能成为加剧经济周期波动的“放大器”。特别是在经济复苏偏弱、贸易顺差较大的情况下，短期内人民币汇率较快、较多的升值，有可能会对实体经济造成较大的不利影响，进而随时可能触发市场预期的逆转。我们倾向于认为当前人民币汇率接近均衡合理水平，未来容易出现大开大合的宽幅震荡走势。因此，不论政府还是市场，都应保持应对的灵活性，不宜去赌汇率单边走势。同时，预案比预测更重要，应以有备无患的确定性，应对资本流动和汇率波动的不确定性，加快构建新发展格局、新竞合优势。

最后，经济内外平衡目标冲突，应该是当前再提汇率维稳目标的重要背景。但是，外汇供求失衡，要么价格出清，要么数量出清。在外汇供大于求，本币存在升值压力情况下，如果要防止汇率过于波动，外汇政策无外乎是增加外汇储备、扩大资本流出，抑或是限制资本流入。这些数量工具同样各有利弊。政策选择其实就是目标的取舍，不可能既要又要还要。预计 2021 年大概是“增加汇率弹性 + 扩大资本流出 + 调控资本流入”的外汇政策组合，特别是对跨境资本流动宏观审慎管理的新措施值得期待。但鉴于内外部存在诸多不确定不稳定因素，政策上，仍要坚持稳中有进的工作总基调，稳慎推进金融双向开放和人民币国际化，并通过增加汇率政策透明度，有效管理和引导市场预期。同时，要开展持续的市场教育，引导市场主体避免追涨杀跌，树立风险中性意识，建立财务纪律，控制好货币错配和汇率敞口风险。

（四）政策“不急转弯”为深化改革提供难得的时间窗口

由于基数效应，2021 年我国稳增长的压力可能不会像往年那么大，进而将形成一个难得的时间窗口。而且，保持正常的财政货币政策空间不是攒着看的，是拿来用的。即便 2021 年内外部环境出现一些超乎预期的不利变化，我国无论财政政策还是货币政策都还有一定的空间，如有需要，随时可以出手。这为保持经济运行在合理区间提供了更厚的防护垫。我们要用好这个时间窗口，集中精力推进改革创新，为经济高质量发展打下良好基础。

为此，中央经济工作会议要求，构建新发展格局 2021 年要迈好第一步，见到新气象。要紧紧扭住供给侧结构性改革这条主线，注重需求侧管理，打通堵点，补齐短板，贯通生产、分配、流通、消费各环节，形成需求牵引供给、供给创造需求的更高水平动态平衡，提升国民经济体系整体效能。

会议结合十四五规划工作部署，确定了八方面的重点任务：

一是强化国家战略科技力量。充分发挥国家作为重大科技创新组织者的作用，确定科技创新方向和重点。发挥新型举国体制优势，发挥好重要院所高校国家队作用，发挥企业在科技创新中的主体作用。加强国际科技交流合作，加快国内人才培养，完善激励机制和科技评价机制。

二是增强产业链供应链自主可控能力。统筹推进补齐短板和锻造长板，尽快解决一批“卡脖子”问题，并在产业优势领域搞出更多独门绝技。实施好产业基础再造工程，深入实施质量提升行动。

三是坚持扩大内需这个战略基点。促进就业，完善社保，优化收入分配结构。有序取消一些行政性限制消费购买的规定，完善职业技术教育体系，提高教育、医疗、养老、育幼等公共服务支出效率。增强投资增长后劲，发挥中央预算内投资的引导和撬动作用，激发全社会投资活力。加大新型基础设施投资力度，扩大制造业设备更新和技术改造投资。实施城市更新行动，建设现代物流体系。

四是全面推进改革开放。完善宏观经济治理，加强国际宏观政策协调。深入实施国企改革三年行动，优化民营经济发展环境，健全现代企业制度，营造市场化、法治化、国际化营商环境。健全金融机构治理，促进资本市场健康发展，打击各种逃废债行为。规范发展第三支柱养老保险。积极考虑加入全面与进步跨太平洋伙伴关系协定。完善安全审查机制，重视运用国际通行规则维护国家安全。

五是解决好种子和耕地问题。落实藏粮于地、藏粮于技战略，保障粮食安全。牢牢守住18亿亩耕地红线，坚决遏制耕地“非农化”、防止“非粮化”，规范耕地占补平衡。

六是强化反垄断和防止资本无序扩张。完善平台企业垄断认定、数据收集使用管理、消费者权益保护等方面的法律规范。加强规制，提升监管能力，坚决反对垄断和不正当竞争行为。特别强调金融创新必须在审慎监管的前提下进行。

七是解决好大城市住房突出问题。高度重视保障性租赁住房建设，加快完善长租房政策，逐步使租售同权。土地供应要向租赁住房建设倾斜，降低租赁住房税费负担，整顿租赁市场秩序。

八是做好碳达峰、碳中和工作。二氧化碳排放力争2030年前达到峰值，力争2060年前实现碳中和。加快调整优化产业结构、能源结构，大力发展新能源。加快建设全国用能权、碳排放权交易市场。完善能源消费双控制度，继续打好污染防治攻坚战。

这次公共卫生危机应对，西方主要以政府救助为主，而我国一直坚持打“纾困+改革”的组合拳。政策是临时的，制度是长远的。通过深化改革，将有助于我国化危为机，重塑参与国际合作与竞争的新优势。同时，也将有助于提升中国资产的估值中枢，更好回报境内外的价值投资者。

以供给侧结构性改革促进供需动态平衡

陈斌开（中央财经大学经济学院教授）

一、引言

金融危机以来，国外需求持续疲软，中国以出口为导向的经济增长模式遇到了前所未有的挑战，转变经济发展方式已经成为迫在眉睫的重大问题。2020 年中央经济会议指出，要加快构建以国内大循环为主体、国内国际双循环相互促进的新发展格局，要紧紧扭住供给侧结构性改革这条主线，注重需求侧管理，打通堵点，补齐短板，贯通生产、分配、流通、消费各环节，形成需求牵引供给、供给创造需求的更高水平动态平衡，提升国民经济体系整体效能。如何通过供给侧结构性改革促进供需动态平衡，构建“双循环”新发展格局？

需求结构失衡是构建新发展格局的重要制约因素，扩大内需是未来经济发展的核心支点。但是，中国居民消费需求不足的原因何在？如何有效扩大需求？这是个学术问题，更是重要的政策问题。本文认为，需求管理政策往往只有短期效果，在中长期内难以有效启动居民消费需求。要扩大居民消费需求，必须找到居民消费不足的“病根”。遗憾的是，现有学术研究未能对中国消费需求不足的原因达成一致认识，对启动我国居民消费的长效机制也是众说纷纭。

要理解中国消费不足的原因，首先必须弄清需求不足的现状。然而，近年来，关于中国是否存在消费不足问题，学术界产生了一些争论，部分学者认为，中国消费不足是个“伪问题”。对于中国消费不足的原因，一些学者认为，中国消费不足不是来自家庭储蓄率上升，而主要由企业储蓄上升导致，因此，研究重点应该放在企业储蓄，而非家庭储蓄。为澄清学术界这些似是而非的观点，本文将对中国消费需求的典型事实进行系统的归纳和分析，为相关研究奠定现实基础。

在厘清了中国消费需求典型事实的基础上，本文将对导致中国居民消费不足的各种可能原因进行讨论和分析。对于中国消费需求不足问题，有两个重要特征事实需要引起关注。第一，中国居民消费率不仅低于世界上所有其他主要国家，还低于这些国家历史上消费率的最低点，因此，简单把标准消费理论应用于中国往往难以解释中国消费率对国际经验的“严重偏离”。第二，中国居民消费率不仅严重偏低，而且自2000年以来呈现持续下滑趋势。遗憾的是，现有文献往往难以对上述现象提供逻辑一致的解释。本文认为，中国居民消费不足的这些“异常”特征必然是由中国某些“特殊”的因素导致的。中国区别于西方发达国家最核心的特性是我们还处于从计划经济向市场经济的转型过程中。文章进一步讨论了经济转型中各种因素对我国居民消费的影响，包括要素市场扭曲、产品市场扭曲和地方政府激励等。研究发现，中国居民消费疲软并非源自需求不足，而是因为供给扭曲，因此，直接从消费入手往往难以有效刺激需求，启动居民消费的长效机制在于经济供给侧结构性改革。

本文具体安排如下。第二和第三部分对中国消费不足的典型事实进行归纳，着重澄清关于消费需求的两个争论：中国消费不足是不是一个“伪问题”，中国消费不足是不是因企业储蓄过高所致；第四部分回顾了现有文献对中国消费不足的各种解释，指出了这些解释中可能存在的不足；第五部分探索了理解中国消费不足的可能方向，讨论了经济转型、市场扭曲与中国居民消费的关系；第六部分是结论性评述。

二、中国消费不足是个“伪问题”吗？

进入21世纪以来，中国经济结构内外失衡的问题越来越严重，消费相对不足的结构性矛盾日益突出，直接关系到经济增长的可持续性和稳定性。表1对世界主要国家2019年的需求结构进行了比较：

表 1 世界主要国家需求结构（2019）

国家	美国	英国	德国	日本	韩国	印度	巴西	中国
最终消费率（%）	82	84	73	75	66	72	85	55
居民消费率（%）	68	65	52	56	49	60	65	39
资本形成率（%）	21	17	22	24	31	30	15	44
净出口率（%）	−3	−1	6	1	3	−2	−1	1
外汇储备比重（%）	1	5	2	25	25	15	19	22

数据来源：World Development Indicators（WDI），经作者计算得到。

注：最终消费率是指（总消费 /GDP）；居民消费率是指（居民消费 /GDP）；净出口率为商品和服务出口占 GDP 比重减去商品和服务进口占 GDP 比重；外汇储备比重为外汇储备总额（不包含黄金储备）占 GDP 比重。

从表 1 中可以看出，中国的最终消费率远远低于美国、英国、德国等主要西方国家，同时也大大低于日本、韩国等其他亚洲国家。与中国经济发展水平相当的印度、巴西相比，中国消费率也严重偏低。若考虑到中国政府在教育、医疗、养老等公共消费领域投资严重不足的现实，中国真实消费水平更低（Aziz and Cui，2007）。即使在考虑了经济发展阶段、经济增长率、人口学特征、养老保险覆盖情况、政府财政政策、金融发展程度、城市化水平、产业结构等方面的因素之后，中国居民消费率仍然低于预期水平超过 10 个百分点（Kraay，2000；Kuijs，2005；等等）。通过比较最终消费率和居民消费率可见，中国最终消费率严重偏低主要源自居民消费率太低。2019 年，中国居民消费率仅为 39%，比其他主要国家至少低 13 个百分点。事实上，中国居民消费率已经低于日本和韩国经济发展过程中居民消费率的最低点[①]，相应地，中国居民储蓄率则超过了日本和韩国居民储蓄率的历史最高点（Horika，2007；Park and Rhee，2005）。

对于中国居民消费不足的事实，最近一些学者提出了质疑（朱天、张军，2012）。他们认为，中国居民消费率偏低这一事实可能是个“伪命题”，中国统计数据在完整性和国际可比性等方面的缺陷夸大了中国消费不足的现象，中国可能不存在消费需求不足问题。朱天、张军（2012）认为家庭居住消费低估、公司账户为私人消费付费、高收入群体代表性不足等问题是造成居民消费率低估的主要原因。然而，高收入群体往往储蓄率更高、消费率更低（Chamon and Prasad，2010；陈斌开、杨汝岱，2013），高收入群体代表性不足不仅不会低估居民消费率，还会高估消费率。住房消费、公款消费的统计误差可能会低估居民消费，但难以改变居民消费不足的事实。

首先，我们可以通过外部需求特征来印证是否存在内需不足问题。根据简单的 GDP 支出法核算法则，GDP 为国内需求（包括居民消费、政府消费、投资）和国外需求（净出口）之和，内需不足与外需旺盛形成“镜象”关系。当我们说中国经济存在“内需不足”的时候，实际上也是在说国外需求占 GDP 的比重太

① 世界银行（WDI）数据显示，日本居民消费率最低点出现在 1970 年附近，为 48.2%，韩国居民消费率最低点出现在 2000 年左右，为 49.3%，都高于中国 2019 年的居民消费率（39%）。

高[①]。从表1中可以看出，即使在金融危机和欧债危机严重制约了外部需求的国际环境下，中国2019年净出口率依然高达1%，这种外部失衡直接说明了中国存在严重的内需不足问题。事实上，我国外贸顺差在1994年汇率改革以后就已经开始产生，2004年以后快速上升，外部需求的扩张印证了中国内需不足的事实[②]。外贸顺差居高不下将导致外汇储备持续上升，2019年，中国外汇储备占GDP比重高达22%，是世界上外汇储备最多的国家之一。换而言之，如果中国“内需不足”不存在，中国居高不下的外贸顺差从何而来？巨额的外汇储备又从何而来？由此可见，对于中国“内需不足”问题可能不存在的质疑是缺乏事实依据的。

在消除了对中国内需不足存在性的质疑后，我们需要进一步分析内需不足与居民消费需求不足的关系。根据核算原则，国内需求包括消费需求和投资需求，问题是，中国内需不足是否可能是由投资不足导致的？从表1中各国资本形成率的比较中可以看

① 净出口占GDP的比重一般在10%以下，但不能据此否定外部需求在国民经济中的重要性，因为外部需求对宏观经济的影响并不简单地反映在净出口率这个指标上。首先，2011年我国出口占GDP的比重高达29%（数据来源：世界发展指数），如果考虑出口对国内企业生产的间接影响，出口对国民经济的影响会更大。其次，持续的“小”外贸顺差会累积成大额的外汇储备，中国目前已经是世界上外汇储备最多的国家，这将严重影响到我国货币政策的独立性，同时还容易引起国际贸易争端。再次，出口波动对经济增长率有非常大的影响，比如，2008至2009年金融危机期间，我国出口占GDP比重从35%陡然下降到27%，净出口率对经济增长率的贡献为−37.4%（数据来源：《中国统计年鉴，2010》），直接影响到了宏观经济的稳定性。由此可见，过度依赖外部需求将严重影响到我国宏观经济稳定，这也正是目前提出以内循环为主的重要原因。

② 由于净出口统计涉及国与国之间的贸易，其统计口径具有很好的国际可比性，同时，出口国和进口国同时记录贸易品的数量和金额，这些数据可以相互印证，统计误差较小。因此，我们可以通过相对准确且可比的外部需求数据检验中国“内需不足”的真实性。

出，中国的投资占 GDP 比重远远高于美国、英国、德国等主要西方国家，也大大高于日本、韩国等其他亚洲国家和发展水平相当的印度和巴西。李稻葵等（2012）研究发现，中国目前的投资率已经高于社会最优值，并造成了很大的社会福利损失。因此，中国内需不足主要源自消费需求不足。从理论逻辑上讲，由于投资在一段时间之后便会转化为产能，消费才是真正的“最终需求”，是“需求不足”的根本原因。进一步地，消费需求包括居民消费和政府消费，比较表 1 中的最终消费率和居民消费可以看出，中国政府消费率（最终消费率—居民消费率）并不比其他国家低，因此，中国消费需求不足的直接原因是居民消费不足，即居民消费占 GDP 比重过低。

对于居民消费不足是否客观存在的问题，我们还可以从另外一个角度来看。由于各国之间统计口径很难完全统一，直接说明中国消费率被低估或者被高估是困难的。但是，只要一个国家统计体系没有发生本质性的变化，具有相同统计口径的消费率时间序列数据就是可比的。我们可以通过比较消费率的前后变化来对中国居民消费率是否过低得到最基本的认知。图 1 描述了 1992-2018 年间中国消费率的动态路径①。

从图 1 可以看出，中国消费率偏低的情况并非一直存在。2000 年以前，中国的最终消费率一直处于缓慢上升阶段。从 1994 年的 58.2% 逐步上升到 2000 年的 62.3%；而同一时期的居

① 数据截止于 2018 年是因为《中国统计年鉴》2020 年“资金流量表”的最新数据只提供了 2018 年之前的居民储蓄率数据。

民消费率由43.5%上升至46.4%，居民储蓄率由32.4%下降至31.1%。但是自此之后，中国的最终消费率和居民消费率均呈现逐年下降的趋势，而居民储蓄率则是大幅上升。2009年，中国最终消费率下降至48.5%，居民消费率降至35.4%，而居民储蓄率已高达40.4%。由此可见，从2000年到2009年不到十年的时间内，中国的消费率已下降了13.8个百分点，而居民消费率则下降了11个百分点。换而言之，即使我们假设2000年我国消费率不低于国际水平，那么，2009年中国的消费率与居民消费率也已经低于世界其他主要国家超过10个百分点。从2010到2018年，中国消费率轻微回升。

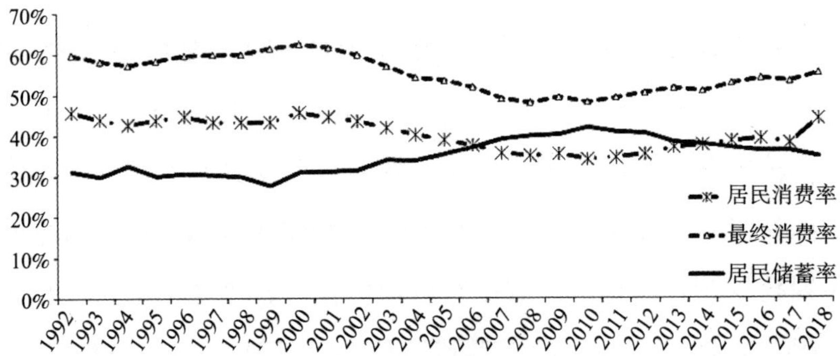

图1　中国消费率、居民消费率和居民储蓄率

从以上分析中可以看出，由于中国支出法GDP的核算口径并未发生显著变化，公款消费等不随时间变化的“统计误差”[①]无

① 不随时间变化的“统计误差”是指该统计误差占总消费的比重不随时间变化。

法解释中国消费率在2000年左右发生的结构性转变，也难以解释中国消费率在2000年以后持续下滑的事实[①]。那么，是否存在某些“统计误差”可能导致居民消费率的低估程度越来越大，进而造成中国消费率持续下降的“假象”？在学术讨论中，最常被提及的一个因素是关于住房消费的统计。在中国的统计体系中，新建住房被统计在投资而不是消费中，因此，近年来住房价格的快速上涨将直接导致投资率上升、消费率下降，一些学者认为该统计方法使得中国的消费率下降成为一个“伪命题”（如 Wang and Wen，2012）。

新建住房本身到底应该统计在投资还是消费中？住房消费的统计方法在多大程度上会影响我们对居民消费率下降事实的判断？从统计原则上看，住房属于耐用品，其购买行为属于投资，而不属于消费，因此住房应该统计在投资而不是消费中，因此统计局将新建住房统计在投资中是符合统计原则的，同时，这也是国际上住房统计的通行做法。出于对中国居民消费统计口径的质疑，部分文献通过把住房投资直接计入消费来说明中国消费率没有大幅下降（如 Wang and Wen，2012）。从上述分析中可以看出，这种处理方法既不符合经济学原理，也不符合基本的统计原则，其研究结论也就难以令人信服。

如果新建住房应该计入投资，那住房消费应该如何统计呢？

---

① 在现实中，“公款消费”更有可能被计入政府消费项目，然而，表1的数据表明，中国政府消费率（最终消费率—居民消费率）比较稳定，且与其他国家的政府消费比重相近。同时，最终消费率中已经包含了政府消费，但中国最终消费率依然比欧美国家平均低30多个百分点。

从统计原则上来讲，耐用品的购买属于投资，但耐用品的使用则属于消费。对于住房而言，购买住房属于投资，但每年由住房带来的服务流则属于消费。问题在于，自有住房所产生的消费流难以观察，导致自有住房消费的核算存在一定的困难。目前，国际上对自有住房消费的核算主要采用两种方式，一种是虚拟租金法，另一种是使用成本法（user cost）。虚拟租金法是指根据自有住房在市场上出租的租金来表征住房消费流的市场价值。然而，由于中国租房市场不发达，虚拟租金数据相对缺乏，虚拟租金法在国民经济核算中不易使用。另外，房租和房价相背离的现象在近年来的房地产市场表现非常明显，房价飞速上涨的同时房租并没有相应上升，导致房价房租比快速攀升。在这种背景下使用虚拟租金法难以捕捉住房价格上涨对居民消费核算的影响。使用成本法的核心思想是基于住房使用成本来度量住房消费率的市场价值。住房使用成本包括实际利率、风险升水（住房价格波动或产权不确定性所导致的住房资产风险）、税收（物业税等）、维护费用、房屋折旧以及住房价格变化。实际利率、风险升水、税收（物业税等）、维护费用越高，房屋折旧越大，住房使用成本越高；而房屋升值越快，住房使用成本则越低。

国家统计局对住房消费的核算与使用成本法相近，但只考虑了住房维护费用和折旧，维护费用在家庭消费调查中已经包含进去，因此，统计局只需要根据住房建造价格折算每年的住房折旧，并将这个折旧当作住房消费加到居民消费中去。统计局这种折算方法是否合理？从核算原则上来说，这种核算方法忽略了几个因素：真实利率、风险升水、税收和房屋升值。近年来，中国实际利率一直处于低位，物业税（房产税）尚未全面开征，风险升水也因住房改革而下降，而住房价格却在快速上升。因此，如果按照标准的使用成本法计算，我国房屋的使用成本很低甚至为负（由于住房升值很快）。相较于标准的使用成本法，国家统计局采用的简单使用成本法不仅没有低估，甚至很可能高估了住房消费。在这种情形下，中国居民消费率的实际下滑程度可能比统计部门公布的数据要更加明显，中国消费不足的问题可能比数据显示的更为严重。

部分学者质疑国家统计局简单使用成本核算法可能低估居民消费，其原因在于，统计局使用住房建造成本作为住房折旧的基准，但近年来住房价格快速上涨使得住房建造成本和住房购买价格相偏离。且不考虑由于住房价格上涨、利率偏低等因素造成的住房消费高估问题，国家统计局使用住房建造成本作为住房折旧的基准对于中国消费率下降这一事实的判断到底有多大影响？为考察这一统计缺陷的可能影响，我们以自有住房当前市场价值作为住房折旧的基准来计算消费率。在住房价格不断上涨的背景下，住房现有价值必然大于其购买成本，以住房现有市场价值为基准实际上是估计了住房消费的上限值。自有住房的市场价值难以直接估计，但统计局公布了 2000 年以来商品房平均销售价格和城镇居民人均住房面积的数据。一般情形下，新房价格高于二手房价格，因此，用商品房价格乘以人均居住面积和城镇常住人口可以估计出城镇家庭自有住房市场价值总和的上限值①。以城镇家庭自有主要市场价值乘以4%的折旧率可以计算出住房消费的上限值②，将住房消费同时加入总消费、居民消费和支出法GDP可以计算得到调整后的居民消费率和总消费率③。图2描述了2000–2018年中国消费率、居民消费率、调整消费率、调整居民消费率的关系。

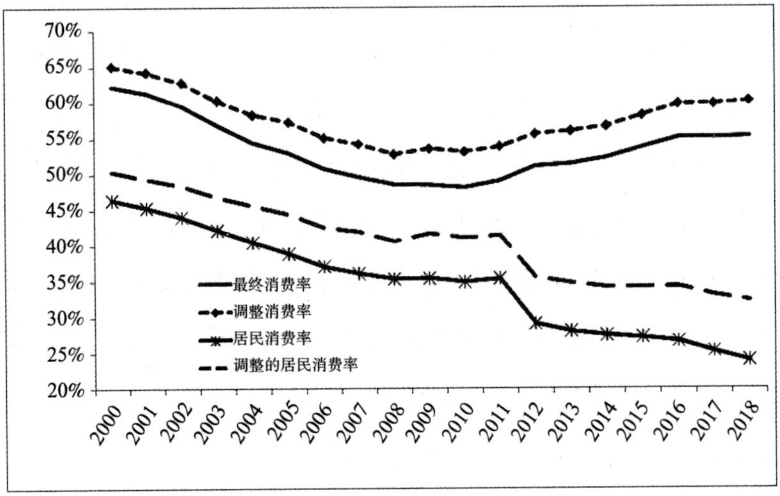

图2 住房消费与中国消费率：2000–2011

① 这里没有测算农村居民自有住房市场价值，这一方面是由于相关数据的缺失，另一方面是因为农村住房价格并未出现大幅上涨，基于住房建造成本来测算农村住房消费并不存在太大偏误。

② 国家统计局城镇住房折旧率为2%，本文使用4%的折旧率是为了计算住房消费的上限值。尽管缺乏直接的数据，但根据经验观察，中国住房的租金/房价比一般低于4%，因此，使用4%作为折旧率的住房消费估算结果也会高于基于"虚拟租金"法的估算结果，因此，本文估算结果可以作为住房消费估算的上限值。

③ 对于拥有自有住房的家庭，住房消费即使支出，也是收入，因此必须同时计入消费支出和GDP。学者们在质疑住房消费支出核算时往往忽视了住房支出同时也是收入的事实，只将住房支出加入消费中。但是，即使不将住房收入计入GDP，本文的结论也不会改变。

从图2中可以看出，即使完全考虑了住房价格对居民消费核算的可能影响，2000年以来我国居民消费率快速下滑的趋势并没有改变。2000至2018年间，中国最终消费率下降了7个百分点，调整的最终消费率下降了5个百分点；中国居民消费率下降了23个百分点，调整的居民消费率下降了18个百分点。换而言之，住房消费核算对消费率变化的影响最多只有5个百分点，没有改变中国消费率在2000年之后大幅下降的事实。即使是使用更为极端的假设，将住房消费只计入消费而不计入GDP，我们发现，中国最终消费率和居民消费率在这一期间依然下降了3个百分点和18个百分点。

综上可知，中国消费需求不足是一个客观存在的事实，统计口径差异和统计误差没有改变中国消费需求不足、消费率持续下降这一基本事实。因此，我们有必要对中国内外需求结构失衡进行更加深入的研究。

三、家庭、政府和企业的力量：储蓄率分解

对于中国国民储蓄率上升、消费率下降的原因，学术界存在诸多争论。部分学者认为，中国国民储蓄率上升主要是由企业部门的高储蓄导致的（如Kuijs，2005；Hofman and Kuijs，2006）。本部分将基于分解的方法澄清这一误解，我们发现，中国高储蓄的直接原因是居民储蓄率、政府储蓄率过高和政府收入占比增长

过快，企业储蓄的影响非常有限。图 3 描述了 1992–2018 年间我国国民储蓄率变化与居民储蓄率变化的关系。

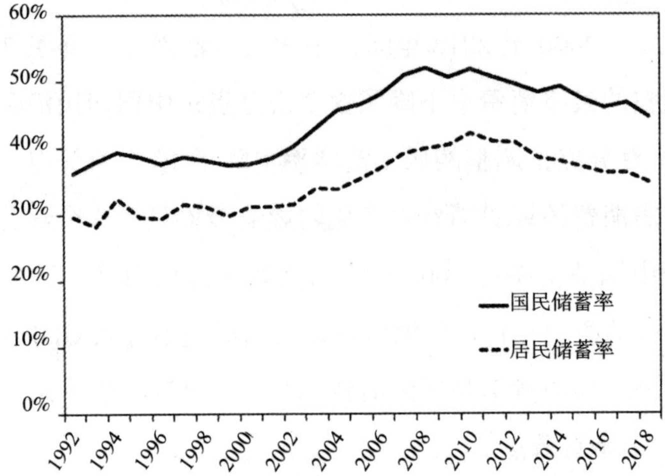

图 3　国民储蓄率和居民储蓄率：1992–2018

注：国民储蓄率定义为（国民储蓄 / 国民收入）；居民储蓄率定义为：（居民储蓄 / 居民可支配收入）。数据来源：《中国统计年鉴，2020》，《中国资金流量表历史资料：1992–2004》。

从图 3 中不难看出，我国国民储蓄率自 2000 年以来持续上升，由 2000 年的 37.6% 上升到 2008 年的 51.9%，在不到十年的时间内上升了 13 个百分点①。同一期间，居民储蓄率也处于快速上升阶段，由 2000 年的 31.1% 上升到 2008 年的 39.9%，上升了 8.8 个百分点。居民储蓄率上升与国民储蓄率上升高度一致，可

① 国民储蓄率和最终消费率之和不等于 1 的原因在于国民储蓄率定义为（国民储蓄 / 国民收入），而最终消费率定义为（最终消费 / 支出法国内生产总值），国民收入和支出法国内生产总值并不相等。

能构成国民储蓄率上升最重要的决定因素。

然而，有一种观点认为，中国储蓄率的上升主要来自企业储蓄率的上升，而不是家庭储蓄率的上升（如 Kuijs，2005；Hofman and Kuijs，2006）。为什么会产生这样一种误解呢？认为居民储蓄不重要的观点主要源自以下认识：中国居民储蓄占国民收入的比重在 2000 年以来变化不大。图 4 描述了国民储蓄各部分（居民储蓄、企业储蓄和政府储蓄）在 1992–2018 年的动态变化特征。

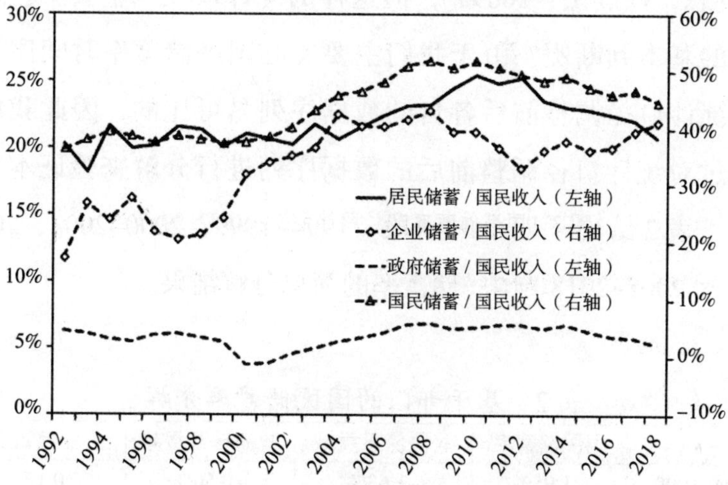

图 4　国民储蓄率简单分解：1992–2009

数据来源:《中国统计年鉴，2020》,《中国资金流量表历史资料：1992–2004》。

从图 4 中可以看出，国民储蓄率（国民储蓄 / 国民收入）在 2000 年以后持续上升：这一期间，居民部门、企业部门和政府部门的储蓄（部门储蓄 / 国民收入）都有所上升：居民部门由 21% 上升到 24.4%，上升了 3.4 个百分点；企业部门由 18% 上升到

21.2%，上升了3.2个百分点；政府部门由-1.4%上升到4.9%，上升了6.3个百分点。基于这个简单的分解可以看出，居民部门储蓄上升对国民储蓄率上升的贡献率为27%，政府部门贡献为48%，企业部门贡献为25%。由此可见，即使是使用最简单的分解方法，企业储蓄上升也不是我国国民储蓄率上升的主要原因，而居民储蓄和政府储蓄上升才是更加值得我们关注的现象。

上述简单分解结果可能受到2004年统计口径调整的影响（白重恩，钱震杰，2009a），但这样的统计口径调整会不会影响我们的基本判断呢？由于我们主要关心国民储蓄率时间序列特征，统计口径调整前后各自的数据序列是可比的，因此我们可以通过对统计口径调整前后的数据序列进行分解来验证本文的判断。表2给出了四个时间段（1994–1999，2000–2003，2005–2008和2008–2018）国民储蓄率的简单分解结果。

表2　基于部门的国民储蓄率分解

	国民储蓄率	居民储蓄贡献	政府储蓄贡献	企业储蓄贡献
1994–1999	–1.95%	–1.63%	–0.50%	0.17%
2000–2003	5.49%	0.72%	2.77%	2.01%
2005–2008	5.45%	1.75%	2.57%	1.14%
2000–2008	14.35%	2.29%	7.26%	4.8%
2008–2018	–7.27%	–2.59%	–3.78%	–0.9%

数据来源：《中国统计年鉴，2020》，《中国资金流量表历史资料：1992–2004》。

从表2中可以看出，2000至2008年间国民储蓄率的上升主要来自居民部门和政府部门储蓄的上升，而不是来自企业部门。即使考虑到统计口径变化的影响，2000–2003 年国民储蓄率的上升主要来自政府部门，居民部门的储蓄贡献为正，但是贡献较小；而 2005–2008 年的国民储蓄率上升则最主要来自居民部门的储蓄上升，贡献了 5.45% 变化中的 1.75%，占了绝对的主导地位。企业储蓄的贡献在 2000–2003 年的贡献为正，但在 2005–2008 年的贡献为负。由此可见，即使考虑到统计口径的变化，政府部门和居民部门依然是国民储蓄上升的主要原因，而企业部门对国民储蓄上升的贡献较小。该结果也得到了跨国数据研究的支持，Bayoumi et.al（2010）对各国储蓄率特征进行了分析，发现中国国民储蓄率高于其他国家的根本原因在于家庭储蓄和政府储蓄过高，我国企业储蓄与其他国家的差异并不大，这也进一步说明了目前中国储蓄率偏高和储蓄率快速上升的原因，需要从家庭部门和政府部门中去寻找，而不是企业部门。

同样，从表 2 中也可以看出政府部门储蓄上升是国民储蓄上升最重要的原因，而居民部门储蓄对国民储蓄率上升的贡献相对较小，这是否与图 3 中居民储蓄率快速攀升的事实相矛盾呢？要理解这个问题，需要对居民储蓄和居民储蓄率做进一步说明。图 4 和表 2 中度量的居民储蓄占比是（居民储蓄 / 国民收入），而图 3 中居民储蓄率定义为（居民储蓄 / 居民可支配收入），（居民储蓄 / 国民收入）=（居民储蓄 / 居民可支配收入）*（居民可支配收入 / 国民收入），即居民储蓄 / 国民收入 = 居民储蓄率 * 居民收入占比。从这个公式我们可以看出，（居民储蓄 / 国民收入）的变化是受到居民储蓄率以及居民收入占比的双重影响而变化的。

图 4 和表 2 均表明（居民储蓄 / 国民收入）在 2000 年以后有所上升，但上升幅度较小。但图 3 却表明居民储蓄率（居民储蓄 / 居民可支配收入）在快速上升，其原因在于 2000 年以后（居民可支配收入 / 国民收入）在快速下降，这正是近年来中国国民收入分配结构由居民向政府和企业倾斜的事实[①]。换而言之，居民储蓄占国民收入比重上升幅度较小，是由居民储蓄率快速上升和居民可支配收入占比快速下降两个相反的力量相互作用所导致的。

为进一步刻画居民储蓄率上升对国民储蓄率变化的影响，我们进一步对国民储蓄率进行细分，分解为各部门储蓄率变化和国民收入分配结构变化的贡献，分解的具体方法见附录 1。表 3 为国民储蓄率分解的结果。

表 3　部门储蓄率以及收入分配结构的储蓄率分解结果[②]

	国民储蓄率	居民储蓄率贡献	政府储蓄率贡献	国民收入分配结构贡献
1994–1999	–1.95%	–1.70%	–0.44%	0.18%
2000–2003	5.49%	1.93%	2.63%	0.93%
2005–2008	5.45%	2.77%	2.12%	0.56%
2000–2008	14.35%	5.98%	5.88%	2.49%
2008–2018	–7.27%	–2.98%	–3.76%	–0.53%

数据来源:《中国统计年鉴，2020》,《中国资金流量表历史资料：1992–2004》。企业储蓄率恒定为 100%，因此，企业储蓄率对国民收入分解结构变化的贡献为 0，企业储蓄对国民储蓄的贡献都体现在国民收入分配结构中。

① 后文将对国民收入分配结构进行进一步深入分析。

② 国民储蓄率分解结果与基期选择有一定关系，表 3 和表 4 汇报的是以初始年份为基期的分解结果。附录 2 汇报了以终止年份为基期的分解结果以及两种结果的平均值。比较这些结果可以看出，基期选择对本文核心结果基本没有影响。

从表 3 我们可以看出，在 2000–2003 年期间，政府储蓄率对于国民储蓄率的变化贡献最大，而居民的储蓄率次之。2005–2008 年间，居民储蓄率的贡献大大超过了政府储蓄率的贡献，成为最主要的影响国民储蓄率的因素。同一时期，国民收入分配结构对国民储蓄率的影响为负。这说明，居民和政府储蓄率的变化对于国民储蓄率的影响是最主要的，国民收入分配结构的影响相对有限。

近年来，国民收入分配结构转变主要体现为居民部门收入占比下降，政府和企业部门收入占比上升。2000–2008 年间，中国居民部门收入占比从 67.5% 下降到 58.3%，政府部门收入占比从 14.5% 上升到 19.0%，企业部门收入占比从 17.9% 上升到 22.7%。居民部门收入占比下降将降低国民储蓄率，政府和企业部门收入占比上升将提高储蓄率。为进一步考察国民收入不同组成部分对国民储蓄率的影响，我们进一步将国民收入分配结构进行部门分解。表 4 显示了国民收入分配结构对国民储蓄率变化的影响。

表 4　国民收入分配结构影响部门分解

	国民收入分配贡献	居民收入贡献	政府收入贡献	企业收入贡献
1994–1999	0.18%	0.07%	–0.06%	0.17%
2000–2003	0.93%	–1.21%	0.14%	2.01%
2005–2008	0.56%	–1.02%	0.44%	1.14%
2000–2008	2.49%	–3.70%	1.38%	4.81%
2008–2018	–0.53%	0.40%	–0.03%	–0.91%

数据来源：《中国统计年鉴，2020》，《中国资金流量表历史资料：1992–2004》。

从表4中我们可以看出，在2000年以后，居民收入份额对于国民储蓄率的变化的影响始终为负，并且影响强度较大，这反映了居民收入占比持续下降的事实，也佐证我们之前的论断：居民部门收入减少抵消了居民储蓄率上升的影响，使得居民储蓄占国民收入的比例变化相对缓和。政府收入份额的影响一直为正，刻画了1994年财税体制改革以后政府部门收入不断上升的现状。企业收入份额影响总体上为正，但这主要是由2004年统计口径调整所产生的“统计误差”所致。从分段的分解中可以看出，企业收入在2000–2003年间提高了国民储蓄率，但在2005–2008年间对国民储蓄的贡献为负，即企业收入占比在这一期间出现了下降，进而导致国民储蓄率下降。

综合以上分析可知，中国国民储蓄率的上升主要是由居民储蓄上升、政府储蓄率上升和政府收入占比上升三个因素导致的，企业收入占比上升对国民储蓄率影响较小，这些特征在2005–2009年间表现得更为明显。因此，理解中国国民储蓄率上升的关键在于研究居民储蓄率、政府储蓄率和政府收入占比上升的原因，而不宜过度强调企业储蓄的作用。

四、为何中国储蓄率持续上升：多角度分析的发现

前一部分的分解结果表明，居民储蓄率、政府储蓄率和政府收入占比上升是国民储蓄率上升的重要原因。现有文献对居民

储蓄率上升的原因进行了大量研究，提出了众多解释。第一种解释以生命周期理论为基础，他们认为高速经济增长时期劳动力人口比例上升和预期寿命延长提高了我国居民储蓄率（Modigliani and Cao，2004；Song and Yang，2010；董丽霞、赵文哲，2011；刘生龙等，2010）。Banerjee et.al（2010），Ge et.al（2011），汪伟（2010），Curtis et.al（2011）进一步将近年来工作人口比重上升和居民储蓄率上升归结为中国的计划生育政策。然而，这种解释与我国微观家庭消费储蓄行为并不一致：与英美等西方国家相反，中国老年人和年轻人的储蓄率比工作人口更高（周绍杰等，2009；Chamon and Prasad，2010）。另外，由于人口结构转变是个缓慢的过程，难以对居民储蓄率的快速上升提供有力解释，人口结构因素在宏观上的重要性也因此受到很大质疑（Kraay，2000）。

第二种解释以流动性约束理论为基础，认为中国金融市场不发达导致居民和企业更多储蓄、更少消费，降低了我国居民消费率（万广华等，2001；Kujis，2005；Aziz and Cui，2007 等）。然而，我国金融体系效率在近年来至少有所改善，而居民消费率仍在不断下降。

第三种解释涉及文化、习惯、家庭偏好等方面因素（叶海云，2000；杭斌，2009；程令国、张晔，2011 等）。但是，具有很强持续性的文化因素无法解释居民储蓄率在 2000 年出现的转折。换而言之，以上两个因素可能有助于我们理解为什么中国储蓄率偏高的问题，却无法解释中国储蓄率快速上升的事实。

第四种解释主要基于预防性储蓄理论（如罗楚亮，2004；易行健等，2008；周绍杰，2010 等）。Meng（2003），Chamon et.al（2010）认为劳动力市场风险上升提高了中国居民储蓄。然而，提高劳动力市场风险的国有企业改革在 2000 年基本完成，居民储蓄率却在 2000 年之后快速上升。何立新等（2008）强调养老保险对居民储蓄的影响，高梦滔（2010）、甘犁等（2010）、白重恩等（2012）、臧文斌等（2012）等文献研究了医疗保险与居民消费的关系。但是，我国医疗保险和养老保险整体覆盖面在近年来都有所上升，与居民储蓄率快速上升的事实不一致。

第五种解释从收入分配视角研究了居民消费下降的原因，认为居民收入差距扩大是消费不足的重要原因（杨汝岱、朱诗娥，2007；陈斌开，2012），但是从收入差距角度作出的解释，其微观行为基础相对欠缺。金烨等（2011）认为收入差距扩大会提高居民寻求社会地位的动机，进而造成居民进行更多储蓄。然而，尚没有直接的证据表明这种机制在宏观上是重要的。

以上各种解释都是将现有消费理论直接应用于中国，但是，从上述回顾中可以看出，经典消费理论并不足以解释中国储蓄率快速上升的现象。Wei and Zhang（2011）对中国居民储蓄率上升提出了一个有趣的假说，他们发现，由于中国男女性别比例失衡，男孩所占比重越来越高，使得家庭为提高男孩在婚姻市场上的竞争力而进行更多储蓄。但是，性别失衡问题主要出现在农村，中国储蓄率上升却主要是由城镇居民储蓄率上升导致的（陈斌开、杨汝岱，2013），因此，对于中国居民储蓄率的上升仍然需要寻求新的解释。

相对于对居民储蓄率上升原因的大量研究，文献对政府收入上升和政府储蓄率上升的原因关注较少。近年来，文献才开始讨论国民收入分配结构对居民消费的影响。Aziz 和 Cui（2007）则将我国居民消费率下降的原因归结为居民收入占比的降低。李扬和殷剑峰（2007）利用中国资金流量表数据对中国储蓄率上升的原因进行了更为细致的分解，发现政府部门占国民收入分配比例上升和政府储蓄率的提高是中国储蓄率上升的重要动因。然而，这些文献尚未深入政府储蓄率上升和政府收入占比上升的原因，这是值得进一步研究的方向。

五、经济转型、市场扭曲与中国消费不足

中国国民储蓄率大大高于其他国家，且在 2000 年之后呈现不断上升趋势。中国储蓄率对国际经验的严重“偏离”意味着简单地应用标准消费理论来诠释我国居民储蓄是很困难的，“异常”的储蓄率背后必然有某些“特殊”的中国元素。中国与世界其他主要国家的核心区别在于，中国同时处于快速经济增长和剧烈经济转型的过程中。但是，中国目前的消费率已经低于日本和韩国高速经济增长过程中的最低值，因此，经济转型可能是理解中国居民消费不足的关键。

经济转型是指从计划经济向社会主义市场经济转型，因此，在经济转型过程中，必然出现市场经济和计划经济共存的情况，

这是中国经济的特殊之处。在过去的40年里，中国经济市场化程度不断提升，但要素市场扭曲依然长期存在，产品市场垄断现象难以打破，政府对市场的干预尚未消除。经济转型过程中的这些因素是否会影响消费需求？其作用机制如何？本部分将在已有研究基础上对此展开讨论。

如前所述，居民消费占GDP比重过低是消费需求不足的根本原因。同时，居民消费占GDP比重又可以分解为（居民消费/居民收入）*（居民收入/GDP）两项。因此，居民消费占GDP比重持续下降是由居民储蓄率持续上升[①]、居民收入占GDP比重持续下降共同导致的[②]。鉴于此，本部分将分别讨论经济转型对居民储蓄率和居民收入占比的影响。现有研究表明，经济转型过程中要素市场扭曲和一些产品与服务市场垄断，是我国居民储蓄持续上升的重要原因，而财政分权下的地方政府行为则导致了居民收入占比持续下滑。

金融市场扭曲对居民消费和储蓄行为有着深远的影响。与西方国家不同，中国金融市扭曲主要表现为长期存在的金融抑制现象，而不仅是经典文献中强调的流动性约束。金融抑制主要形式是存贷款利率限制（Bai et al.，1999）。研究表明，中国官方利率

① 在文献（如Chamon and Prasad，2010）中，居民储蓄率的一般定义是（1-居民消费/居民收入），居民储蓄率上升等价于（居民消费/居民收入）下降，使用“居民储蓄率”一词主要是为了与文献保持一致性。

② 从表4分解结果中可以看出，居民收入占GDP比重下降对应于政府收入占GDP比重上升。在政府消费占GDP比重比较稳定的前提下（图1），政府收入上升意味着政府储蓄率上升。因此，居民收入占GDP比重下降的原因也是政府收入占比上升和政府储蓄率上升的重要影响因素。

至少比市场利率平均低 50% ～ 100%，且绝大部分低息贷款配置给了与政府关系密切的国有企业（Garnaut et al.，2001）。李涛、陈斌开（2012）从理论和实证两方面研究了金融抑制对中国居民消费行为的影响。就理论而言，以压低利率为主的金融抑制政策至少可以通过两个渠道影响居民消费行为：第一，在金融市场上，穷人往往是存款者，富人往往是贷款者，低利率政策本质上形成了一种穷人补贴富人的“倒挂”机制，导致收入分配不断恶化（陈斌开、林毅夫，2012），而收入差距扩大将导致居民消费率下降（杨汝岱、朱诗娥，2007；陈斌开，2012）。第二，从居民消费行为角度看，利率是居民消费跨期替代的关键决定因素，低利率政策将通过替代效应降低居民消费增长率，同时通过财富效应降低居民消费水平。李涛、陈斌开（2012）研究发现，金融抑制存在明显的财富效应，低利率导致居民的预期可支配收入下降、储蓄率上升、未来和当期消费水平同时下降。

在金融市场扭曲的同时，中国劳动力市场依然处于分割状态。在户籍制度的影响下，中国已经形成了城市内部的社会分割，即同一城市内部有户籍人口和非户籍人口这样的“新二元结构”。非本地户籍的外来人口无法享受本地教育、医疗、住房等方面的公共服务，同时在工作机会上也容易受到歧视，这将极大地抑制这些人口的消费。陈斌开等（2010）详细研究了户籍制度对居民消费的影响。从理论上而言，户籍制度至少可以从两方面影响居民消费。一方面，外来人口的住房、医疗、教育和社会保障更不健全，并且职业更不稳定，这将提高其预防性储蓄动机；

另一方面，由于职业的不稳定和房产等抵押品较少，外来人口在金融市场上更容易受到信贷约束，进而制约其消费。如果无城镇户籍的外来劳动力消费倾向更低，那么，随着外来劳动力数量和收入的增长，在加总的层面上看，总消费增长速度必然低于总收入增速，而储蓄率也将不断提高。城市内部非户籍人口的边际消费倾向比城镇居民低 14.6 个百分点，这意味着放松户籍制度可以将移民人均消费水平提高 20.8%，居民总体消费水平提高 2.2%。

住房价格快速上涨被认为是中国居民家庭高储蓄的一个重要原因（Chamon and Prasad，2010；Wei and Zhang 2011；况伟大，2011；谢洁玉等，2012）。过去十年，中国房价持续上涨，使得居民不得不“为买房而储蓄”，导致中国居民储蓄率不断攀升。陈斌开、杨汝岱（2013）详细研究了住房价格与居民储蓄的关系，发现收入水平较低、没有住房或住房面积较小的家庭受住房价格上涨的影响更大，因为这些家庭“为买房而储蓄”的动机更强。同时，不仅中国的年轻人在“为买房而储蓄”，老年人也存在“为子女买房而储蓄”的动机，导致中国居民储蓄率全面上升。进一步研究发现，中国住房价格上升的主要原因是土地供给短缺。自 2003 年以来，中国城市化进程快速推进，但城市土地供给被严格限制，这直接导致了房价的快速上涨。同时，在财政分权体制下，政府有激励通过控制土地供给，推高房价，进而提高土地出让金收入。由此可见，土地市场扭曲是中国居民消费需求不足的另外一个重要原因。

在要素市场扭曲（包括金融市场、劳动力市场和土地市场）

的同时，中国一些产品和服务市场垄断也还没有完全消除。随着收入增长，居民在教育、医疗等方面的需求将持续上升。然而，中国教育和医疗供给主要由公共部门提供，供给远远赶不上需求的上升，造成了“看病贵、看病难”“上学贵、上学难”等一系列现象。杨汝岱、陈斌开（2009）研究了高等教育改革对居民消费的影响，发现教育收费提高和教育支出不确定性上升提高了居民消费。近年来，教育对消费的影响已经不局限于高等教育，对于质量较高的中学、小学，甚至幼儿园，“上学贵、上学难”问题越来越严重，导致居民不得不“为子女教育而储蓄”。同样，由于优质医疗资源的紧缺，居民还不得不“为医疗而储蓄”。无论是医疗还是教育，供给不足和价格畸高的重要原因都是产品市场垄断，缺乏竞争的教育和医疗市场造成了“看病贵、看病难”“上学贵、上学难”，进而导致居民不得不为上学和医疗而储蓄。

居民收入占国民收入比重持续下降是居民消费率不断下滑的重要原因。近年来，学者们对居民收入占比下降的原因展开了大量研究。Kuijs（2005）认为快速工业化是居民收入占比下降的重要原因。李稻葵等（2009）基于跨国数据的研究发现，劳动收入份额下降是经济发展处于特定阶段的产物。龚刚、杨光（2010）则从劳动力无限供给的角度分析了劳动收入份额下降的原因。徐忠等（2010）发现公共部门储蓄对中国储蓄率上升有重要影响。林毅夫、陈斌开（2013）强调政府重工业优先发展战略对收入分配的影响。白重恩、钱震杰（2009b）基于分解的方法发现，产业结构变迁是劳动收入份额下降最重要的解释因素。然而，工业化和产业结构快速转变背后的原因又是什么？这些文献都未能给出有效的回答。Chen and Yao（2011）从经济转型过程中的地方政府行为出发对这些现象提供了一个逻辑一致的解释。

财政分权导致地方政府为吸引投资、促进当地经济增长而竞争。为吸引更多的投资，地方政府需要提供道路、水、电等方面的优质基础设施。部分基础设施投资可以促进企业的有效生产和流通（如道路），而其他的基础设施投资则等价于直接补贴企业（如电力等）。Chen and Yao（2011）研究了政府基础设施投资对国民收入分配结构和居民消费需求的影响。他们发现，一方面，政府基础设施投资对企业的影响是非平衡的，对基础设施依赖程度更高的第二产业（制造业、建筑业等）将在政府基础设施投资中获得更大的收益。同时，由于第二产业是地方政府主要税收来源，基础设施投资也会更加偏向第二产业。因为第二产业资本密集度高于其他产业，二产比例的上升将导致劳动收入占总收入份额下降，进而导致消费率下降；另一方面，由于部分基础设施投资实际上构成了对资本投资的直接补贴，这会降低资本成本，引导企业选择更加资本密集型的技术，导致第二产业内部资本密集度提高，这将进一步降低劳动份额和居民消费率[①]。

从以上分析可以看出，经济转型过程中的市场扭曲（包括

① 政府投资性支出上升意味着社会福利性（如教育、医疗、社保等）支出相对下降，这将进一步导致公共福利供给不足，抑制居民消费。地方政府支出结构与居民消费的关系是值得进一步研究的方向。

要素市场和一些产品与服务市场）和地方政府行为构成了中国消费不足的重要原因。无论是市场扭曲还是地方政府行为，都是经典消费理论中不曾考虑的因素，而这些“特殊”的因素也是理解“中国事实”偏离于“国际经验”的关键所在。但是，经济转型过程中这些因素对居民消费影响的相对重要性如何，现有文献还没有给出答案，这也是下一步值得研究的方向。

六、政策建议：深化供给侧结构性改革促进内需增长

2000年以来，中国居民消费率持续下滑，目前，中国已经是世界主要国家中消费率最低的国家之一。构建新发展格局最重要的战略支点是扩大内需，如何有效启动居民消费成为实业界和学术界共同关心的话题。过去二十多年，政府不断出台了多种政策（如家电下乡、汽车减税等）以刺激消费，然而，中国消费率下降的趋势并没有改变。

本文通过对中国经验事实的分析和对现有文献的回顾发现，现有理论和研究难以解释中国消费率持续下滑的事实，基于经典理论所衍生的政策建议也就难以有效启动我国居民消费。本文认为，中国居民消费需求不足主要是由经济转型过程中的市场扭曲和地方政府行为导致的。换而言之，制约中国居民消费需求的因

素并非来自需求本身，而是源自经济供给侧[①]。因此，直接针对消费的短期政策难以有效启动内需，建立扩大消费需求的长效机制需要从经济供给侧入手，深化供给侧结构性改革。

启动居民消费首先要从要素市场改革入手。金融抑制是居民消费萎靡不振的重要原因，加快推动利率市场化有助于提升居民消费。当前，虽然利率已经基本上由市场力量决定，但是，参与金融市场的主体依然没有市场化。地方政府、国有企业等对利率不敏感的主体对金融市场价格有重要影响，使得金融市场价格信号失真。因此，利率市场化的本质还不仅限于利率的去管制，更重要的是，让各类金融市场上的利率能够反映资本回报，将低效率的企业（特别是不产生效益的所谓“僵尸企业”）挤出市场，这是下一步金融市场改革的重点。

户籍制度是制约居民消费的又一重要因素。积极推动户籍制度改革可以有效提高居民消费。目前除特大城市外的其他地区正在放开户籍制度，然而，需要指出的是，户籍制度改革背后更为重要的公共服务（包括教育、医疗、就业、住房和养老等）的均等化，只有逐步实现城乡公共服务均等化，实现地区间公共服务的均衡化，才能真正有效的启动居民消费。

一些产品和服务市场垄断是阻碍居民消费的重要因素。随着家庭收入水平不断上升，居民在住房、教育和医疗等方面的需求

① 从前文分析中可以看出，消费需求不足的原因包括住房、医疗、教育的“供给不足”，金融产品和劳动力供给管制（金融抑制和户籍制度），地方政府公共产品供给扭曲，本文将它们都统称为“经济供给侧”因素。

将随之提高。然而，土地、教育和医疗供给却存在严格的管制：城镇土地供给由政府行政垄断，民营资本进入教育、医疗等领域困难重重。供给垄断必然导致供给不足，价格上涨，居民消费随之下降。因此，要有效提升居民消费，需要打破产品市场垄断，鼓励社会资本进入教育、医疗等领域，提高教育、医疗的有效供给，在满足人民群众生活需求的同时，有效提高居民消费水平。

财税体制改革和地方政府激励机制改变是启动居民消费的有效手段。在 GDP 考核和财税收入的双重激励下，地方政府必然出现“重投资、轻消费”，“重企业、轻民生”的倾向。大量的基础设施投资将导致快速资本深化、劳动收入占比下降，进而导致居民消费下滑；民生支出不足将进一步恶化居民预期，降低居民消费。调整政府支出结构，鼓励地方政府减少投资支出、增加民生支出是提升居民消费的重要方式。同时，在财政分权体制和土地垄断供给的背景下，地方政府有激励减少土地供给，推高房价以获取更高土地出让金收入，而房价上升将抑制居民消费。因此，控制房价上涨、提升居民消费需要从有效增加土地供给入手。

无论是调整政府支出结构还是增加土地供给，最终还需要从财税体制和地方政府激励中去观察和思考。官员考核重点从以经济增长为主转变为以民生为主，将提高地方政府民生支出激励，促进居民消费。调整财税分权体制，降低地方政府对土地出让金的依赖程度，有效增加土地供给并抑制房价过快上涨，这是提升居民消费的又一重要手段。

附录1：国民储蓄率的分解方法

国民储蓄率分解的核心思想是将国民储蓄率上升分解为各部门收入占比变化与各部门储蓄率变化之和。具体分解方法为：假设收入由三部门组成 $I=I_h+I_f+I_g$ ，其中，I_h 为家户部门收入，I_f 为企业部门收入，I_g 为政府部门收入。储蓄也由三部分组成 $S=S_h+S_f+S_g$，其中，S_h 为家户部门储蓄，S_f 为企业部门储蓄，S_g 为政府部门储蓄。从而，总体储蓄率为 $S=\frac{S}{I}$ ，t 和 $t+1$ 期储蓄率的变动可以表示为 $S_{t+1}-S_t$。我们的目的是看储蓄率的变化到底是由什么因素引起的，即 $S_{t+1}-S_t$ 的构成。事实上，

$$
\begin{aligned}
s_{t+1}-s_t &= \frac{S_{t+1}}{I_{t+1}}-\frac{S_t}{I_t}=\frac{S_{h,t+1}+S_{f,t+1}+S_{g,t+1}}{I_{t+1}}-\frac{S_{h,t}+S_{f,t}+S_{g,t}}{I_t} \\
&=(\frac{S_{h,t+1}}{I_{h,t+1}}*\frac{I_{h,t+1}}{I_{t+1}}+\frac{S_{f,t+1}}{I_{f,t+1}}*\frac{I_{f,t+1}}{I_{t+1}}+\frac{S_{g,t+1}}{I_{g,t+1}}*\frac{I_{g,t+1}}{I_{t+1}})-(\frac{S_{h,t}}{I_{h,t}}*\frac{I_{h,t}}{I_t}+\frac{S_{f,t}}{I_{f,t}}*\frac{I_{f,t}}{I_t}+\frac{S_{g,t}}{I_{g,t}}*\frac{I_{g,t}}{I_t}) \\
&=(s_{h,t+1}*a_{h,t+1}+s_{f,t+1}*a_{f,t+1}+s_{g,t+1}*a_{g,t+1})-(s_{h,t}*a_{h,t}+s_{f,t}*a_{f,t}+s_{g,t}*a_{g,t}) \\
&=(s_{h,t+1}*a_{h,t+1}-s_{h,t}*a_{h,t})+(s_{f,t+1}*a_{f,t+1}-s_{f,t}*a_{f,t})+(s_{g,t+1}*a_{g,t+1}-s_{g,t}*a_{g,t}) \\
&=(a_{h,t+1}-a_{h,t})*s_{h,t+1}+(s_{h,t+1}-s_{h,t})*a_{h,t} \\
&\quad+(a_{f,t+1}-a_{h,t})*s_{f,t+1}+(s_{f,t+1}-s_{f,t})*a_{f,t} \\
&\quad+(a_{g,t+1}-a_{g,t})*s_{g,t+1}+(s_{g,t+1}-s_{g,t})*a_{g,t}
\end{aligned}
$$

其中，最后一个等式中第一项为居民部门收入份额上升对国民储蓄率的贡献，第二项为居民储蓄率上升对国民储蓄率上升的贡献；第三项为企业部门收入份额上升对国民储蓄率的贡献，第四项为企业储蓄率上升对国民储蓄率上升的贡献；第五项为政府部门收入份额上升对国民储蓄率的贡献，第六项为政府储蓄率上

升对国民储蓄率上升的贡献。国民收入分配结构的贡献为居民部门、企业部门、政府部门收入份额变化贡献之和。

附录 2：国民储蓄率分解的稳健性检验

在附录 1 的分解方法和表 3、表 4 报告的结果中，计算部门储蓄率贡献使用的权重是初始年份的收入份额，而计算收入份额贡献的权重使用的是终止年份的储蓄率。通过简单的计算可以发现，对国民储蓄率进行分解的另外一种方法是：使用是终止年份收入份额作为计算部门储蓄率贡献的权重，同时使用初始年份的储蓄率作为计算收入份额贡献的权重。为检验权重选择对分解结果的影响，我们使用不同权重对国民储蓄率进行了类似分解。表 A1 和表 A2 为改变权重后的分解结果。

表 A1　改变权重后的国民储蓄率分解结果

	国民储蓄率	居民储蓄率贡献	政府储蓄率贡献	国民收入分配贡献
1994–1999	-1.95%	-1.70%	-0.43%	0.18%
2000–2003	5.49%	1.83%	2.92%	0.75%
2005–2008	5.45%	2.65%	2.29%	0.50%
2000–2008	14.35%	5.16%	7.68%	1.51%
2008–2018	-7.27%	-3.04%	-3.71%	-0.52%

表 A2 改变权重后国民收入分配结构影响的部门分解

	国民收入分配贡献	居民收入贡献	政府收入贡献	企业收入贡献
1994–1999	0.18%	0.08%	–0.07%	0.17%
2000–2003	0.75%	–1.11%	–0.15%	2.01%
2005–2008	0.50%	–0.91%	0.27%	1.14%
2000–2008	1.51%	–2.88%	–0.42%	4.81%
2008–2018	–0.52%	0.46%	–0.08%	–0.91%

从表 A1 和表 A2 的分解结果可以看出，变化权重后的分解结果与基准结果相差不大。居储蓄率上升、政府储蓄率上升和政府收入占比是国民储蓄率上升最重要的影响因素，企业收入占比的影响较小。

参考文献：

1. 白重恩、李宏彬、吴斌珍:《医疗保险与消费：来自新型农村合作医疗的证据》,《经济研究》2012 年第 2 期。

2. 白重恩、钱震杰（2009a）:《谁在挤占居民的收入——中国国民收入分配格局分析》,《中国社会科学》2009 年第 5 期。

3. 白重恩、钱震杰（2009b）:《国民收入的要素分配：统计数据背后的故事》,《经济研究》2009 年第 3 期。

4. 陈斌开:《收入分配与中国居民消费——理论和基于中国的实证研究》,《南开经济研究》2012 年第 1 期。

5. 陈斌开、林毅夫:《金融抑制、产业结构与收入分配》,《世界经济》2012 年第 1 期。

6. 陈斌开、陆铭、钟宁桦:《户籍制约下的中国居民消费》,《经济研究(消费金融专辑)》2010 年 12 月。

7. 陈斌开、杨汝岱:《土地供给、住房价格与中国城镇居民储蓄——基于中国城镇住户调查(UHS)数据的微观实证研究》,《经济研究》2013 年第 1 期。

8. 陈彦斌、邱哲圣:《高房价如何影响居民储蓄率和财产不平等》,《经济研究》2011 年第 10 期。

9. 程令国、张晔:《早年的饥荒经历影响了人们的储蓄行为吗?——对我居民高储蓄率的一个新解释》,《经济研究》2011 年第 8 期。

10. 董丽霞、赵文哲:《人口结构与储蓄率:基于内生人口结构的研究》,《金融研究》2011 年第 3 期。

11. 甘犁、刘国恩、马双:《基本医疗保险对促进家庭消费的影响》,《经济研究》2010 年增刊。

12. 高梦滔:《新型农村合作医疗与农户储蓄:基于 8 省微观面板数据的经验研究》,《世界经济》2010 年第 4 期。

13. 龚刚、杨光:《从功能性收入看中国收入分配的不平等》,《中国社会科学》2010 年第 2 期。

14. 杭斌:《习惯形成下的农户缓冲储备行为》,《经济研究》2001 年第 1 期。

15. 何立新、封进、佐藤宏:《养老保险改革对家庭储蓄率的影响:中国的经验证据》,《经济研究》2008 年第 10 期。

16. 金烨、李宏彬、吴斌珍:《收入差距与社会地位寻求:一个高储蓄率的原因》,《经济学季刊》2011 年第 10 卷第 3 期。

17. 况伟大:《房价变动与中国城市居民消费》,《世界经济》2011 年第 10 期。

18. 李稻葵、刘霖林、王红领:《GDP 中劳动份额演变的 U 型规律》,《经济研究》2009 年第 1 期。

19. 李稻葵、徐欣、江红平:《中国经济国民投资率的福利经济学分析》,《经济研究》2012 年第 9 期。

20. 李涛、陈斌开:《金融抑制与中国城镇居民消费》,《经济研究》工作论文，WP394。

21. 李扬、殷剑峰:《中国高储蓄率问题探究——1992—2003 年中国资金流量表的分析》,《经济研究》2007 年第 6 期。

22. 林毅夫、陈斌开:《发展战略、产业结构与收入分配》,《经济学季刊》2013 年第 12 卷第 4 期。

23. 刘生龙、胡鞍钢、郎晓娟:《预期寿命与中国家庭储蓄》,《经济研究》2012 年第 8 期。

24. 罗楚亮:《经济转轨、不确定性与城镇居民消费行为》,《经济研究》2004 年第 4 期。

25. 万广华、张茵、牛建高:《流动性约束，不确定性与中国居民消费》,《经济研究》2001 年第 11 期。

26. 汪伟:《计划生育政策的储蓄与增长效应：理论与中国的经验分析》,《经济研究》2010 年第 10 期。

27. 谢洁玉、吴斌珍、李宏彬、郑思齐:《中国城市房价与居民消费》,《金融研究》2012 年第 6 期。

28. 徐忠、张雪春、丁志杰、唐天:《公共财政与中国国民收入的高储蓄倾向》,《中国社会科学》2010 年第 6 期。

29. 杨汝岱、陈斌开:《高等教育改革，预防性储蓄与居民消费行为》,《经济研究》2009 年第 8 期。

30. 杨汝岱、朱诗娥:《公平与效率不可兼得吗? ——基于居民边际消费倾向的研究》,《经济研究》2007 年第 12 期。

31. 叶海云:《试论流动性约束，短视行为与我国消费需求疲软的关系》,《经济研究》2000 年第 11 期。

32. 易行健、王俊海、易君健:《预防性储蓄动机强度的时序变化与地区差异》,《经济研究》2008 年第 2 期。

33. 臧文斌、刘国恩、徐菲、熊先军:《中国城镇居民基本医疗保险对家庭消费的影响》,《经济研究》2012 年第 7 期。

34. 周绍杰:《中国城市居民的预防性储蓄行为研究》,《世界经济》2010 年第 8 期。

35. 周绍杰、张俊森、李宏彬:《中国城市居民的家庭收入、消费和储蓄行为：一个基于组群的实证研究》,《经济学季刊》2009 年第 8 卷第 4 期。

36. 朱天，张军:《中国的消费率太低?》,《经济导刊》2012 年第 11 期。

37. Aziz, J. and L. Cui, 2007, "Explaining China's Low Consumption: The Neglected Role of Household Income," IMF working paper 07/181. Available at: http://www.imf.org/external/pubs/cat/longres.cfm?sk=21026.0.

38. Bai, C., D.D. Li, Y. Qian and Y. Wang, 1999, "Anonymous

Banking and Financial Repression: How Does China's Reform Limit Government Predation without Reducing Its Revenue?" CEPR Discussion Paper.

39. Banerjee, A., X. Meng and N. Qian, 2010, "The Lifecycle Model and Household Savings: Micro Evidence from Urban China." Unpublished Manuscript, Peking University.

40. Bayoumi T., H. Tong, and S. Wei, 2010, "The Chinese Corporate Savings Puzzle: A Firm-level Cross-country Perspective". NBER Working Paper, w16432.

41. Chamon, M., and E. Prasad, 2010, "Why Are Saving Rates of Urban Households in China Rising? " American Economic Journal, 2 (1), pp.93–130.

42. Chen, B. and Y. Yao, 2011, "The Cursed Virtue: Government Infrastructural Investment and Household Consumption in Chinese Provinces," Oxford Bulletin of Economics and Statistics, 73 (6), pp.856–877.

43. Curtis, C., S. Lugauer, and M. C. Nelson, 2011 "Demographic Patterns and Household Saving in China", NBER Working Paper No. w16828.

44. Garnaut, R., L. Song, Y. Yao, and X.Wang, "The Emerging Private Enterprise in China", The National University of Australia Press, Canberra, 2001

45. Ge, S., D. T. Yang, and J. Zhang, "Population Policies,

Demographic Structural Changes, and the Chinese Household Saving Puzzle." IZA Discussion Paper No. 7026.

46. Horika C. Y., 2007, "A Survey of Household Saving Behavior in Japan," Working Paper. Available at: http://ideas.repec.org/p/dpr/wpaper/0684.html

47. Hofman B. and L. Kuijs, "Profits Drive China's Boom", Far Eastern Economic Review, 2006, 169 (8) : 39.

48. Kuijs, L., 2005, "Investment and Saving in China," Policy Research Working Paper No. 3633 (Washington: World Bank). Available at: http://ideas.repec.org/p/wbk/wbrwps/3633.html.

49. Kraay, A., 2000, "Household Savings in China," The World Bank Economic Review, 14 (2), pp. 545–570.

50. Modigliani, F., and S. L. Cao, , 2004, "The Chinese Saving Puzzle and the Life Cycle Hypothesis," Journal of Economic Literature, 42 (1), pp.145–170.

51. Meng, X., 2003, "Unemployment, consumption smoothing, and precautionary saving in urban China," Journal of Comparative Economics,31 (3), pp.465–485.

52. Park, D. and C. Rhee, , 2005, "Saving, Growth, and Demographic Change in Korea," Journal of the Japanese and International Economies, 19 (3), pp.394–413.

53. Song, M. Z. and D.T. Yang,, 2010, "Life Cycle Earnings and Saving in a Fast-Growing Economy." Working Paper, Chinese

University of Hong Kong.

54. Wang, X. and Y. Wen, 2012, "Housing Prices and the High Chinese Savings Rate Puzzle." China Economic Review, 23 (2), pp.265–283.

55. Wei, S., and X. Zhang, 2011, "The Competitive Saving Motive: Evidence from Rising Sex Ratios and Savings Rates in China," Journal of Political Economy, 119 (3), pp. 511–564.

更高水平供需动态平衡与新发展格局的构建[①]

王军（首都经济贸易大学经济学院教授）

一、问题的提出

基于2020年国内国际形势出现的深刻复杂变化，中央审时度势并做出了“构建以国内大循环为主体，国内国际经济双循环相互促进的新发展格局”的战略部署，其内涵在我国的经济社会治理实践中逐步丰富完善。2020年5月14日的中央政治局会议首次提出“深化供给侧结构性改革，充分发挥我国超大规模市场优势和内需潜力，构建国内国际双循环相互促进的新发展格局”，从此新发展格局的概念被多次提及。2020年7月30日，中央政治局会议进一步指出，要“加快形成以国内大循环为主体、国内国际双循环相互促进的新发展格局”，并结合国际国内复杂严峻

① 北京市社会科学基金重点项目“‘十四五’时期供需更高水平动态平衡实现路径研究”（20JJA036）阶段性成果。

的政治经济形势，强调了构建新发展格局这一战略抉择的紧迫性。十九届五中全会审议通过的《建议》稿围绕构建新发展格局做了进一步的安排，可以说构建新发展格局是关乎“十四五”时期乃至二〇三五年发展前景的重大问题。

党的十九届五中全会公报明确指出，我国疫情防控工作已取得了重大战略成果。伴随着国内疫情逐渐平息，宏观经济呈现出全面复苏的积极稳定态势，复工复产扎实推进，企业经营情况逐渐好转，经济社会发展动力活力持续提升，多项指标实现由负转正，积极变化不断显现。《中共中央关于制定国民经济和社会发展第十四个五年规划和二〇三五年远景目标的建议》(以下简称《建议》)指出:“完善扩大内需的政策支撑体系，形成需求牵引供给、供给创造需求的更高水平动态平衡。”

既然国家总体发展环境面临着深刻复杂变化，我们就一定要在构建双循环发展格局的进程中做好改革发展稳定工作的统筹兼顾。构建新发展格局并不是凭空而生的概念，可以说是早已酝酿多年的经济模式。2020 年新冠肺炎疫情的暴发与国际政治外交形势的变化带来的影响交织叠加，更加凸显了这一战略部署的必要性和紧迫性。《建议》稿谈到，当前“国际环境日趋复杂，不稳定性不确定性明显增加，新冠肺炎疫情影响广泛深远，经济全球化遭遇逆流，世界进入动荡变革期”，基于这样的判断，加快构建双循环新发展格局是呼之欲出的必然举措，也是迫在眉睫的一件大事。“十四五”规划是我国经济在全面建成小康社会、实现第一个百年奋斗目标后，趁势而上开启第二个百年奋斗目标新征程中的第一个五年规划，也是以经济的高质量发展为主基调的第一个五年规划，一个兼具“增长极”和“稳定器”的新发展格局的建设与繁荣无疑需要扮演不可或缺的角色，这意味着双循环格局在对原有经济体系的深层次重构中既要为短期内的深入改革、平稳增长提供力量，也要为我国中长期安全稳定发展奠定基础。

二、理论溯源

（一）古典政治经济学

古典政治经济学对供求的平衡问题抱有乐观主义态度，亚当·斯密在《国富论》中就曾经说，“某个商人的商品可能会供过于求，但整个国家则不会”。1803 年，法国经济学家萨伊在《政治经济学概论》中指出，产品的需求量毫无疑问地由产品的生产量所决定，因此总的说来需求量总是等于生产总量。萨伊的这一观点，主要是为了解释当时出现的令人震惊的新经济现象，即生产的极大增长和经济周期性波动，经济的周期性波动使得产品的销路和劳动的就业无法得到保证。这就是有名的萨伊定律，即供给自动创造需求，这一定律并不否认短期内可能出现供求失衡，但长期来看供给自动与需求平衡。然而萨伊定律衡量的主要是总量问题，忽视了供给与需求之间的静态结构匹配，更没有考虑需求结构与供给结构之间的动态互动关系。

（二）凯恩斯的有效需求不足理论

在古典政治经济学时期，就有经济学家提出了有效需求不足的理论，如马尔萨斯在《政治经济学》原理中，基于边际报酬递减规律，认为由于社会有效需求不足，资本主义存在供给过剩、出现严重经济危机的可能性。到了20世纪30年代，面对席卷世界的经济危机，凯恩斯发表了《就业、利息和货币通论》，建立了系统的有效需求理论。凯恩斯认为总需求决定了总就业，因而决定了总产出，而总需求由消费需求和投资需求组成。凯恩斯以三大心理规律解释总需求不足，即边际消费倾向递减规律、资本的边际效率递减规律以及流动偏好规律，这三大心理规律导致消费与投资的增长低于总产出的增长，最终导致有效总需求不足，资本主义社会出现产品过剩的经济危机。凯恩斯的理论为政府对经济活动的干预提供了理论基础，也为战后宏观经济政策与实践提供了分析工具。

（三）我国学者对于供求平衡问题的讨论

新中国成立以后，经济学界对社会主义社会供求平衡问题进行了广泛的分析。高涤陈（1962）对这些研究进行了全面的综述，指出供求关系有时平衡有时不平衡，资本主义生产方式的内在矛盾决定了其供过于求是必然的，而社会主义社会的供求矛盾以及变化规律是复杂的。改革开放以来，我国供求矛盾表现出多样化的特征，出现了产品结构与需求结构脱节，总需求与总供给不相平衡，供给与需求在时空上不够衔接等等问题。

在2017年党的十九大提出高质量发展后，学术界更多地关注于供给侧的问题，认为供给侧结构性改革是创造经济活力、竞争力，实现经济高质量发展的重要手段，而对于需求侧的培育壮大而言，当时则较为乐观。新冠肺炎疫情暴发后，宏观经济在供需两侧都承受了较大压力，需求侧遭受的冲击尤为严重，供需失衡现象的出现在多层次、多领域，给我国经济健康发展带来了困难。十九届五中全会审议通过的《建议》稿站在新的战略高度提出，要形成需求牵引供给、供给创造需求的更高水平动态平衡。刘伟（2020）认为，从我国经济复苏采取的具体路径上看，至少要经历生产恢复、需求恢复和供需平衡三个必要阶段。疫情时期，宏观经济政策更多地侧重于保企业生产、稳产业链供应链、通堵点断点，使得产能可以在短时间内快速恢复，供给侧面临的扭曲得到一定缓解（张平等，2020）。相对而言，伴随着国内疫情防控态势趋于稳定，疫情冲击对需求市场带来的负面影响却并未彻底消失，各市场主体经济与心理预期尚处于较低水平，居民消费行为趋于保守（林毅夫等，2020），这又为实现经济的高质量发展带来了新的不平衡不充分的问题。

三、更高水平供需动态平衡的实现路径

（一）克服短期负向冲击影响，促进需求市场回补回暖

2020 年 12 月召开的中央经济工作会议认为，2020 年是新中国历史上极不平凡的一年。面对严峻复杂的国际形势、艰巨繁重的国内改革发展稳定任务特别是新冠肺炎疫情的严重冲击，我国成为全球唯一实现经济正增长的主要经济体，三大攻坚战取得决定性成就，科技创新取得重大进展，改革开放实现重要突破，民

生得到有力保障。但必须清醒看到，疫情变化和外部环境存在诸多不确定性，我国经济恢复基础尚不牢固。

我们认为，我国经济恢复基础之所以不牢固，重要方面是内需增长乏力。就消费市场而言，仍面临有效需求不足的制约。2020年前三季度，全国居民人均消费支出较上年同期名义下降3.5%，扣除价格因素后实际下降6.6%，推动居民消费支出回补释放，将成为下一阶段经济工作的着力点之一。

就投资层面而言，新冠肺炎疫情对我国实体经济投资形成了较大冲击，全国固定投资总额虽然降幅进一步收窄、投资总额有回升态势，但仍处于较低水平，制造业、基础设施、房地产开发三大传统投资萎缩明显，对各项旨在拉动宏观经济全面复苏的政策发挥更大效果带来了一定困难。

十九届五中全会审议通过的《建议》，站在新的战略高度提出，要形成需求牵引供给、供给创造需求的更高水平动态平衡。疫情时期，宏观经济政策更多地侧重于保企业生产、稳产业链供应链、通堵点断点，使得产能可以在短时间内快速恢复，供给侧面临的扭曲得到一定缓解。虽然国内疫情防控态势趋于稳定，但疫情冲击对需求市场带来的负面影响却并未彻底消失，各市场主体经济与心理预期尚处于较低水平，居民消费行为趋于保守。这表明我国经济目前尚处于由生产恢复到需求回暖的关键转换阶段，这一阶段的明显特征是需求回暖的进度与速率明显落后于生产恢复，工作着力点也已由解冻止损转变为迎难而上，只有通过主动刺激消费、投资需求，才能在稳住经济基本盘的前提下，确保宏观经济能尽快实现高水平的供需动态平衡。

十八大以来我国社会消费品零售总额连续五年上升，服务业加快发展，中等收入群体不断壮大，这都为由高速增长转为高质量发展提供了有利机遇。新冠肺炎疫情暴发后，宏观经济在供需两侧都承受了较大压力，需求侧遭受的冲击尤为严重，供需失衡现象的出现在多层次、各层级，给我国经济健康发展带来了困难。新冠肺炎疫情发生后的经济治理工作充分表明，对供需两侧的管理不可偏废，否则就会出现新的失衡问题，务要找出问题症结所在，多措并举实现和维护供需平衡。

我国各行业、企业在疫情时期的承压明显，中小企业受到的冲击最为强烈。中小企业的特征决定了企业经营情况与员工福利切身相关，企业组织生产的表现决定了企业员工的可支配收入与生活质量，在其他条件不变的情况下，中小企业内部个体的消费者信心水平最为悲观，这揭示了有效需求不足的重要原因之一，即供给侧的生产萎缩通过恶化人均收入传导至需求侧，形成市场主体对经济的普遍悲观预期，从而导致经济社会发展失去了活力。如果说企业产出与个体当期可支配收入是一个流量概念，将随着制约企业生产、影响个体正常生活的扭曲消失而恢复到与以往时期接近的正常水平，那么个体的总财富则是一个存量概念，个体总财富绝对量的减少，是决定我国经济尚处于生产恢复到需求回暖的关键转换阶段的主要原因，生产恢复意味着各项致力于改善供给侧生产萎缩现象的政策落地见效，企业生产稳中向好，但从需求侧看，大部分的个体总财富依然没有彻底摆脱疫情冲击导致的萎缩状态。这提醒我们要及时找到问题症结，转变发展思路，统筹把握在疫情期间企业面临的生产萎缩现象，和消费、投资市场面临的有效需求不足的情况，通过供需两侧的政策精准协同发力，把握实现后疫情时期需求回暖与供需平衡的主动权。

（二）形成强大国内市场，畅通国民经济良性循环

《建议》高屋建瓴地对新发展格局的内涵进行了丰富，将“畅通国内大循环”“促进国内国际双循环”分别作为两个单独的小节进行阐释，其优先级不言而喻，而无论是实现二者中哪一个，其必要前提就是“依托强大国内市场”“立足国内大循环”。这些安排部署是发展规律的内在要求。回顾改革开放40年来的发展，可以说我们的成绩很大程度上是依靠经济外循环得来的，我国的进出口总额与GDP之比从改革开放之初的不足10%，到进入新世纪之后占到了百分之六七十，到了2010年，我国进出口总额居世界第一。但从宏观经济的发展规律来看，特别是对于我国这种体量大、基数高的经济体而言，以外循环为主导的经济模式是短期的、暂时的，我国进出口总额占GDP的比例在2007年达到历史高点之后，逐年下降（除2017年外）。无论是从传统经济学理论的角度来思考，还是从当前国际国内的政治经济形势上判断，加快形成以国内大循环为主体的新发展格局，都是应对经济发展新阶段的必然举措，也是迫在眉睫的一件大事。

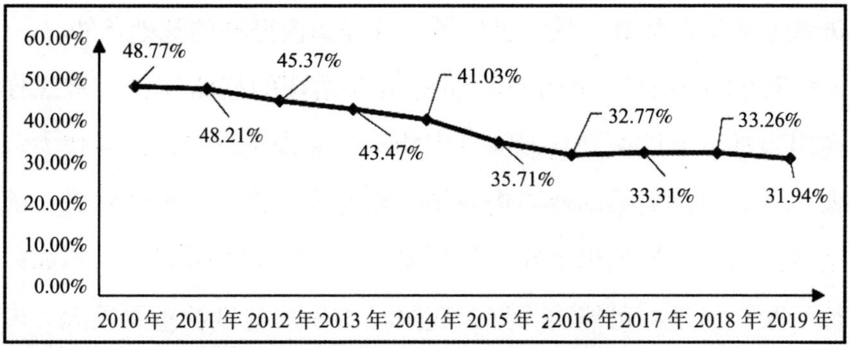

图 1　我国进出口总额占 GDP 的比例

围绕“畅通国内大循环”这一安排,《建议》明确指出要“完善扩大内需的政策支撑体系，形成需求牵引供给、供给创造需求的更高水平动态平衡”。经济体系的深层次重构过程中，必然会有相应的机遇和挑战，内循环会带来更高的发展质量和更大的发展效益，但发展不平衡不充分的问题也将在未来不同的时期，以不同的形式从多层次、各方面显露出来。所以，一套成系统的、有体系的政策框架是十分必要的。结合新中国成立以来的社会主义建设经验来看，在以下几个方面抓住历史机遇是十分重要的。

第一，中小企业不仅要从疫情带来的负向冲击中恢复过来，也要在未来的新发展格局中扮演重要角色。广大民营中小微企业的性质决定了企业的经营情况与企业内部员工的收入情况息息相关。民营企业吸纳了我国 80% 以上城镇劳动力就业。经济内循环需要国内需求市场的繁荣发展为支撑，如果企业的健康发展得不到保障，就业人口的收入得不到提高，扩大内需、深化投资的政策就无从落地起效，从而丧失了实现经济内循环的基础条件。

我们在这样一个历史时期提出内循环的战略安排，考虑任何问题都不可以抛开新冠肺炎疫情深度冲击全球经济的时代大背景，中美经济关系即使不进一步恶化也难以恢复以前的状态。那么我国与西方发达国家在高新技术上的交流与往来可能会不如以往活跃，甚至有可能成为抑制我国经济发展速度的重要原因。内循环的全面实现要以后疫情时期的经济高质量发展为依托，而高质量发展又离不开全要素生产率的不断提高。为此，需要通过增加自主研发投入，在关键技术研发上取得进展和突破，打通产业链、供应链上的断点堵点，为要素投入在各市场主体间循环流动提供润滑作用，加快流转速度，全面提高广大企业组织生产的效率，带来经济效益。

"促进国内国际双循环"之所以要"立足国内大循环"，也是以经济外循环的拉动效应边际递减的大背景为前提的。回顾改革开放至今的发展历程，我国发展模式处于以经济外循环为牵引，内循环不断演化成长发展的状态。其中，内循环走向社会主义市场经济的进程并非一帆风顺，阶段性阵痛在各历史时期以不同形态呈现，最终在外循环不断走强、内循环同步修正的形势下，创造了我国经济增长的奇迹。

第二，在当下和未来一段时期，我国经济外循环拉动作用边际降低或已成定局，但下一阶段发展进程依然需要内外循环相互促进。首先，外循环的良性运转可以大幅增加宏观经济增长的稳健性和持续性，重塑经济发展格局不是一朝一夕就能完成的事情，内循环不断变革攻坚的脚步也不会停歇，这个过程中要充分发挥经济外循环对内循环的补充作用，熨平未来可能出现的短期波动和经济周期。

其次，新冠肺炎疫情证明了人类社会是你中有我、我中有你的一个有机整体，没有哪个经济体能够独善其身。任何中断、阻碍经济全球化历史进程的尝试都将被证明是徒劳的，无论国际政治形势多么紧张，经济外循环都是维护我国全球化利益的关键纽带。

最后，以经济内循环为主体不代表不学习西方发达国家的先进技术和治理经验，当前尚处于全球产业链重塑的变革时期，我们要勇当经济全球化时代的弄潮儿，发挥大国作用，推动构建人类命运共同体，决不能因为世界经济的不确定性不断增加而退缩。我们既要让经济内循环成为后疫情时期高质量发展的压舱石，也要使经济外循环充当深入参与全球治理体系的滑翔翼。

（三）培育互补互促发展合力，实现供需高频协同共振

党的十九届五中全会指出，“把实施扩大内需战略同深化供给侧结构性改革有机结合起来”，供需协同进步发展已成为当下和未来经济工作的重要思路之一。供需平衡的最终目的是实现宏观经济高质量发展。从辩证法上看，量变是质变的准备，质变为新的量变开辟道路，“质”与“量”的螺旋上升既是一种矛盾关系，也是推动经济高质量发展的必由之路。如果说生产复苏、需求回暖的两阶段是在解决高质量发展“量”的问题，那么实现更高水平的供需动态平衡，则是为宏观经济实现高质量发展提供“质”的变化。结合新发展理念，从以下几个方面入手推动供需

两侧协同融通发展的努力是必要的。

首先，培育壮大新发展动能与增长极，提振需求市场生气活力。“以创新驱动、高质量供给引领和创造新需求”，是《建议》提出的实现供需有机结合的关键措施，这在疫情时期的经济治理工作中得到充分印证。我国多数行业全年累计营收目前尚处于同比较低水平；而新型消费市场在2020年呈现出良好发展势头，线上购物销售总额快速增长，全年累计营收同比增长15.8%。这一正一负的发展势头，恰恰佐证了供给引领和创造需求的正确性和必要性。事实证明，市场销售总额增速由负转正离不开传统零售业和实体企业在疫情期间的转型升级，离不开线上线下融合发展的不断涌现。新型消费业态正成为拉动宏观经济全面复苏的新增长点和突破口，充分挖掘新型消市场的巨大发展潜力，是实现宏观经济高质量发展的题中之义，待扩大内需、刺激消费的政策效果显现后，各市场主体的消费需求将得到充分释放，我国消费市场有望继续回暖。

其次，坚持创新引领发展，兼顾政策的短中长期作用。《建议》不仅明确指出要“坚持创新在我国现代化建设全局中的核心地位”，也提出要“坚持把发展经济着力点放在实体经济上，坚定不移建设制造强国、质量强国、网络强国、数字中国，推进产业基础高级化、产业链现代化，提高经济质量效益和核心竞争力”。这表明，高新技术的不断深化与发展是必要的。但要让高新技术成为改善国计民生的新途径、带动宏观经济增长的新动能，高新技术产业的布局与壮大就是不可或缺的。只有高新技术产业的蓬勃发展，才能为我国科学技术整体跃升、产业组织优化升级、生产力充分发展带来新的发展合力。我们不仅要看到短期内高技术产业投资逆势增长对资本市场的拉动作用，也要关注投资结构的不断优化对实现宏观经济高质量发展的助推作用。如果说“十三五”期间我国经济实现了高速增长到高质量发展的转变，那么在“十三五”规划的收官之年暴发的新冠肺炎疫情，便成了宏观经济是否做好了迈向全面现代化准备的试金石。随着疫情防控形势进一步好转，高新技术产业的蓬勃发展既能为短期内的经济平稳回升提供力量，也为宏观经济的中长期安全稳定发展奠定了基础。“十四五”规划是我国经济在全面建成小康社会的基础上进行的第一个五年规划，也是以经济的高质量发展为主题的第一个五年规划，高技术产业的不断建设与繁荣无疑要在其中扮演不可或缺的角色。

最后，重点关注民生领域发展，推动质与量共同提升。党的十九届五中全会提出“改善人民生活品质，提高社会建设水平”，同时在 2035 年基本实现社会主义现代化远景目标中鲜明地提出，“全体人民共同富裕取得更为明显的实质性进展，扎实推动共同富裕”。这样的表述在党的全会文件中还是第一次出现。农业农村方面，2020 年是脱贫攻坚收官之年，现行标准下的农村贫困人口全部脱贫如期实现。除完成既定的脱贫攻坚目标任务以外，我们还要面对因疫致贫、因疫返贫的情况。城市城镇方面，我国就业市场经历了一次剧烈的短期波动，城镇调查失业率在 2 月陡升至 6.2%，并在较长一段时间内处于高位，高校毕业生、重点人群的就业状况依然不容乐观。新冠肺炎疫情在“量”上对我国宏观经济造成了打击，但从目前的复苏态势上看，这种“量”的打击可能是暂时的、短期的，同时疫情也让我国宏观经济长期存在着的一些“痼疾”“顽疾”显现了出来。要推动宏观经济高质量发展，“质”的提升和“量”的增长都不可偏废，“质”的提升不能局限于高、精、尖领域的发展，更重要的是做好民生领域的兜底工作。可以预见，随着中央“六保”“六稳”工作的效果不断显现，我国在民生领域的支持力度将不断加大，这将为实现经济的高质量发展提供有力支撑，也将为推动全体人民共同富裕行稳致远保驾护航。

（四）坚持扩大内需战略基点，促进更高水平供需动态平衡

中国已经成为世界第二大经济体。按照经合组织（OECD）的预测，到2021年，中国将贡献世界经济增长的三分之一以上。历史经验表明，如此大体量的经济体，不可能通过外需来拉动增长，经济发展必然转向以扩大内需为主体。坚持扩大内需战略基点，需要做到以下几个方面：

第一，以保就业拉动内需。无论“六稳”还是“六保”，就业都是首位的。消费是内需的主要部分，而决定消费的最主要的因素是居民收入，要稳定收入就必须保就业，为提供最大比例就业的中小微企业纾危脱困。

第二，以创新驱动内需。新型消费业态正成为拉动宏观经济全面复苏的新增长点和突破口，充分挖掘新型消市场的巨大发展潜力和空间，是实现宏观经济高质量发展的题中之义。通过创新

来实现扩大内需、刺激消费的政策效果，各市场主体的消费需求得到充分释放。

第三，以优化分配结构促进内需。目前我国基尼系数还比较高，收入分配差距较大，中等收入群体占比较低，收入差距的扩大会降低居民的边际消费倾向，阻碍内需的扩大。因此，必须加快要素市场改革，提高劳动报酬在初次分配中所占的比重。

第四，以取消限制消费的行政规定来保障内需。多年来，我国各地出台了五花八门的限制消费的行政规定，如限制购买汽车等，今后这样的行政命令应当逐渐取消，以促进消费品及其相关产品市场的发展，市场发展产生的问题应当以市场的手段加以解决。

参考文献

1. 高涤陈:《我国经济学界关于供求关系的不同论点》,《经济学动态》1959 年 8 期。

2. 林毅夫、沈艳、孙昂:《中国政府消费券政策的经济效应》,《经济研究》2020 年第 7 期。

3. 刘伟:《疫情冲击下的经济复苏与货币政策调整》,《经济学动态》2020 年第 7 期。

4. 冒佩华、郎旭华:《全链条视角下政府供给和市场供给的动态关系研究——以防控新冠疫情为例》,《教学与研究》2020 年第 10 期。

5. 张平、杨耀武:《疫情冲击下增长路径偏移与支持政策——基于对企业非均衡冲击的分析》,《经济学动态》2020 年第 3 期。

构建新发展格局的着力点

刘培林[①]（国务院发展研究中心发展战略和区域经济研究部一级巡视员）

构建以国内大循环为主体、国内国际双循环相互促进的新发展格局，是十四五乃至更长时期我国发展的新部署，是做好2021年经济工作的一个基本遵循。如何理解新发展格局，怎样构建新发展格局，成为各界广为关注的问题。本章将围绕这些问题展开分析。

一、构建新发展格局是顺应规律的安排

20世纪80年代以来，我国实施改革开放，积极利用两个市场、两种资源，形成了“大进大出、两头在外”的格局。特别是

① 本文是个人学术观点，与任何机构无关。

2001 年加入 WTO 之后，我国经济外向度迅速提高，外贸依存度（即进出口总额）与 GDP 之比一路攀升到 2006 年的 64.5%，外需在我国总需求三驾马车中的地位日益提高，净出口占 GDP 的比重一路攀升到 2007 年的接近 10%。同时我国也在对外开放的过程中，注意吸收国外的资金，学习国外的先进技术、管理经验、商业模式等，推动了技术和产业升级，提升了我国在国际上的竞争力和在全球分工网络中的地位，改善了人民生活水平。

2008 年金融危机爆发之后，情况发生了转折性变化。我国经济外贸依存度逐步降低到 2019 年的 35.7%，比 2006 年的水平降低了将近 30 个百分点。我国的净出口占 GDP 的比重也降低到 2019 年的 1%，比 2007 年的水平降低了 9 个百分点左右。

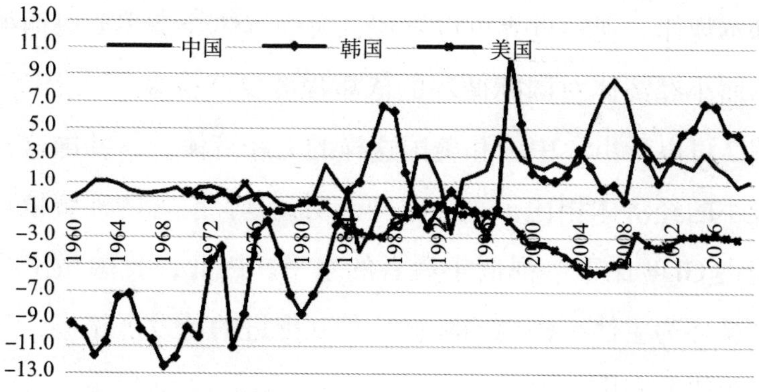

图 1：中国和其他若干国家净出口占 GDP 比重（%）

资料来源：世界发展指数

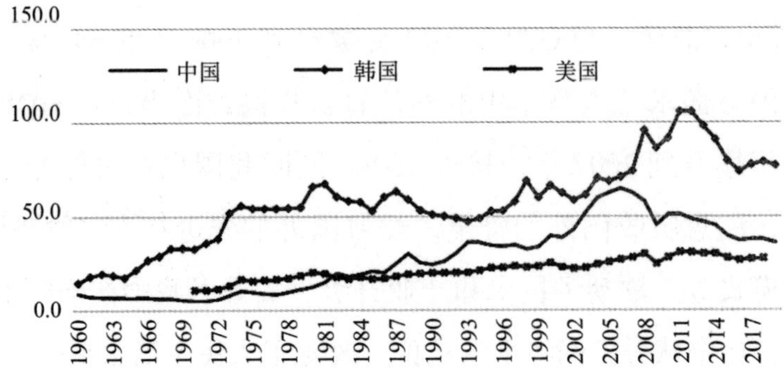

图 2：中国和其他若干国家外贸依存度（%）

资料来源：世界发展指数

可以说，我国经济从 2008 年全球金融危机之后就已经逐步转向内循环为主，这既有外部环境变化的影响，也是发展进程中的基本规律。观察世界可以发现，大经济体经济主要以内循环为主，而小经济体对国际循环的依靠程度要高得多。从上面的图 1 和图 2 可以看出，中国和美国这样的大经济体，与韩国这样的规模较小的经济体相比，一个明显区别就是，前者的外贸依存度和外需占 GDP 比重，都低于后者的水平。因此，我国做出构建以国内循环为主体，国内国际循环相互促进的新发展格局，是顺应发展规律的安排。

二、构建内循环主体地位的着力点

为了准确把握内循环主体地位的着力点，需要首先明确内循环涉及的环节和要达到的目标。

（一）内循环的三个目标与三个环节

形成内循环为主体的地位，需要实现“供需匹配转起来、供需同步长上去、供需协调好起来”等三个目标。

所谓供需匹配转起来，是指供需大致平衡，没有需求大于供给导致的通胀，也没有需求小于供给导致的通缩和失业，降低宏观经济周期波动性。

所谓供需同步长上去，是指供给和需求的规模大体协调地扩张，共同推动生产率水平提升和经济持续增长，提升综合国力。

所谓供需协调好起来，是指供需规模扩张过程中实现质量提升和结构优化，供给体系生产出来的产品和服务的质量更好、更高，人民群众也在消费这些更好、更高级的产品和服务的过程中，过上更加美好的生活。

围绕着三个目标，构建以内循环为主体地位，需要从生产和供给、收入分配、消费和需求等三个环节入手，

首先要明确，简单沿用扩内需的历史经验来构建国内循环为主体的发展格局，难以应对目前的挑战。众多学者强调，要形成以国内循环为主体的发展格局，主要任务是扩大内需。面对不利外部环境冲击时，用扩大内需特别是基础设施投资的办法加以应对，是我国发展的一条重要经验。1998 年东南亚金融危机爆发后，我国通过加大基础设施投资，较好地对冲了外部需求萎缩对经济的影响。2008 年全球金融危机之后我国同样采用扩大国内需求特别是基础设施投资的办法加以应对，达到了短期内稳住经济的效

果。目前外部经贸环境恶化，美国挑起了贸易摩擦，我国外需增长乏力。面对这样的问题，我们可以沿用以往扩内需的经验加以应对。但是，和以往不同的是，这一条经验能够发挥的作用，将难以和过去相比。

不可比之处体现在以下几点上。

一是1998年东南亚金融危机之后我国以扩大基础设施投资加以应对之后，我国于三年后的2001年加入WTO，大进大出两头在外的循环全面启动，快速扩大的外需接过了短期内需刺激政策的接力棒，开启了十年左右的高速增长。而2008年金融危机之后，我国短期刺激内需之后，外需没有像1998年那样接棒迅跑，这是因为全球经济没有从根本上恢复原来增长势头，全球总需求盘子没有恢复，且中国占有的全球市场份额已经不低，难以在全球总需求萎缩的前提下挤占更大的份额。最近的外部需求萎缩起源于美国挑起的贸易摩擦，而全球总需求增长的前景更指望不上，甚至不能指望拥有2008年金融危机之后那样的外需增长。

二是我国国内基础设施、房地产饱和度已经不低，虽仍有扩张空间，但已远不及1998年和2008年时的情形，难以指望这类内需刺激快速地、大幅度地拉动经济。

三是目前遇到的挑战，从性质上讲和以往是不同的，甚至是根本不同的。1998年、2008年遇到的外部冲击，主要是需求冲击，虽然彼时也有针对我国的高技术出口限制措施，但这些措施没有突然变得严格起来。而眼下的挑战，在外需不足基础上叠加了突然加剧甚至可能还会长期恶化下去的供给冲击，我国产业链的完整性受到了严重影响。比如，中兴、华为在关键技术和零部件上遇到的挑战，众多机构在技术交流和合作方面受到限制，美国等也在动员在华投资的企业撤出。这意味着我国产业链完整程度会受到冲击，我国供给能力将面临萎缩的危险。单单靠沿用以往扩内需的历史经验，无法有效应对眼下的挑战。

所以，构建内循环的主体地位，除了要扩内需之外，还必须着力提高供给体系的质量，提高产业链的韧性，改善供应链对人民群众消费需求和产业持续升级的保障能力。

除了需求和供给这两个环节之外，形成内循环为主体的格局，还需要解决好收入分配问题，缩小收入差距。这是因为，扩内需特别是扩大消费需求，必须提高人民群众的支付能力。这涉及伴随着供给能力扩张过程中居民平均收入水平的提高，也涉及这个过程中居民收入分配状况的改善和收入差距的缩小。如果收入差距过大，则会因为高收入人群消费倾向低而拉低所有人群的平均消费倾向，进而抑制居民消费，使得同样的供给扩张不能带来相应的需求扩张。

（二）内循环的主要着力点

围绕上述内循环的三个目标，分析三个环节中的突出短板，笔者认为形成内循环为主的格局，主要着力点有三个，即促进技术进步，挖掘设备投资潜力，壮大中等收入群体。

技术进步的重要性不言而喻。前面曾经分析过，我国目前遇到的挑战，最鲜明的特点是叠加了供给冲击和供应链、产业链断链的风险。从根本上改善这种被动局面，必须在技术能力上取得突破，赢得主动。这就要求深化科技和教育体制改革，激发全社会创新活力，形成活跃的创新局面。

有了活跃的创新局面和大量的创新成果之后，就必然要求相应的设备投资。设备投资，既是未来投资这一架内需马车的主要内涵，也是未来提升供给能力、将技术创新成果加以物化并转化为现实生产力的必经途径。前面对我国内需的分析表明，投资这架马车主要由房地产、基础设施、设备三大类构成。过去一段时间伴随着工业化、城市化进程，基础设施和房地产投资短期内爆发式增长。但是，从目前情况看，这两方面的投资饱和度已经较高，未来虽然仍然有一定空间，但空间已经比较小了。而农业、制造业和服务业的技术升级方面的设备投资空间还很可观。攀上产业链价值链高端，推动技术升级，必须通过持续的设备投资跟进，因为技术进步很大程度上会物化在设备上。根据国务院发展研究中心和世界银行合作的研究报告，我国目前人均基础设施（包括房产、道路等）资本存量水平，与经合组织成员国相比已经不低；但如果比较中国和经合组织成员国每个劳动力所拥有的设备资本存量水平，则我国还有可观的增长空间。通过设备投资提高人均设备资本保有水平，还将持续提高我国农业、制造业和服务业技术水平和生产率，缩小与发达国家的差距，提升我国的供给保障能力和水平。

需要注意的是，推动设备投资，需要顺应市场规律，而不能通过刺激性政策揠苗助长，以免引发低水平产能扩张带来的产能过剩和浪费。今后我国的设备投资，应该是建立在技术升级基础上的，是基于生产率提升基础上的投资，而不能是总需求刺激政策推动的投资。

壮大中等收入群体，是形成内循环为主格局的另一个重要着力点。在改善收入分配格局和生产率提升过程中，我国的中等收入阶层将逐步扩大。不少研究都建议，2035 年前后我国的中等收入群体要在现在基础上实现倍增。一般认为目前中国有约 4 亿中等收入群体，到 2035 年要有 8 亿人。需要强调的是，这 8 亿人不是说“挤在中等收入群体的最低门槛”处，而是人数翻倍以后整体的收入水平还要进一步往上移。就是不仅要实现中等收入群体数量的扩大，还要实现中等收入群体人均收入水平的普遍提高。

壮大中等收入群体，需要做好几方面的工作。一是加大对人的投资，提高教育、医疗水平，提高社会流动性，为人民群众提供公平的参与和发展机会。从供给侧看，持续增加人力资本投资，并为人民群众提供公平的参与和发展机会，也是促进技术升级，培育生产率持续提升的强大发动机，提高产业链韧性的长效机制。这也是消费需求的支付能力的最终的可持续的来源。

壮大中等收入群体，除了加大人力资本投资和为人民群众提供充分参与机会外，还要改善收入分配，缩小收入差距。收入分配的最终格局是由初次分配和再分配共同决定的。但其中初次分配起着基础性和决定性的作用。初次分配中劳动者占比过低，则二次分配中需要用更大的税收和转移支付力度加以矫正，才能保证收入差距保持在合理水平上。如果初次分配中劳动者占比处于合理水平，则二次分配就不需要过大的税收和转移支付力度，就可以使得最终的收入差距保持在合理水平上。所以，改善收入分配，缩小收入差距，主要的入手点是提高初次分配中劳动者报酬占比。从表 1 可见，我国初次分配中劳动者报酬占比，过去一些年明显低于其他国家的水平。近年来这个水平虽然有所提升，但是和其他国家相比，仍然处于较低水平。由此可见，未来改善收入分配，必须提高初次分配中劳动者报酬占比。在此基础上，辅以必要的再分配，合理调节收入差距，同时发展社保体系，提供公共服务，减轻人民群众增加消费的后顾之忧。

表 1：中国和有关国家初次分配中劳动者占比

	2004	2010	2017
中国	49.9	47.8	51.3
美国	61.7	59.2	58.6
日本	54.6	55.6	54.2
德国	61.8	60.4	60.3
英国	59.9	61.2	58.0
法国	59.9	63.2	61.0
韩国	54.9	52.6	53.8
世界	53.7	52.2	51.4

资料来源：国际劳工组织数据 https://www.ilo.org/shinyapps/bulkexplorer45/?lang=en&segment=indicator&id=SDG_1041_NOC_RT_A

壮大中等收入群体，还需要切实保障产权。给定目前绝大部分就业在民营部门的客观现实，未来中等收入群体和更加富裕群体的增量，很大一部分甚至主要来自民营部门。为此，需要围绕稳定人民群众的预期、保护合法财产，深化改革，健全法治。这样做，既是全面依法治国、到2035年基本建成法治国家、法治政府、法治社会的内在需要，也是在国别间吸引投资的竞争中不丧失自身优势的内在需要。

根据非亚银行发布的《全球财富转移报告》，2018年我国已经跻身世界第二大私人财富市场，2008至2018年我国私人总财富增长了130%，增幅居全球之首。但仅2018年一年，我国高净值人士净流出数量占比为2%，虽然从占比上不是全球最高的，但涉及的人数为1.5万，从流出的绝对数量看位居全球之首。高净值人士的流向，主要取决于财产安全性，以及税负尤其是遗产税和赠予税的高低。新加坡2004年就颁布了《商业信托法》（Business Trust Act）。目前，有20家商业信托机构依据该法而成立。这些信托机构为新加坡吸引了大量的外来财富，包括来自我国的财富。其他的高净值人士净入国，无不具有周详而严格的财产保护法律制度。

因此，要扩大中等收入群体，我国还要提高高净值人士的财产安全性，从法律上比其他国家更好地保护人民群众的合法财产，加大对财富的吸引力。以此把在我们国土上产生的财富的大部分留下来，成为我们进一步发展的动力。

这里需要澄清一个关系，即壮大中等收入群体是否会拉大收入差距。我们认为，中等收入群体扩大，最终是有利于缩小收入差距的。中等收入群体人数倍增，中等收入群体的收入水平普遍提升，当中会产生一大批高净值人士，这样的格局与目前相比，收入差距有很大可能性会缩小而不是扩大。

在这个过程当中，如果说这些群体能够带来很多财富但会拉大一些收入差距的话，这也应该是我们发展中不可避免的一种代价。我们强调的共同富裕也不是平均富裕。此外，还要看到，我们还可以通过再分配手段加以调节。

最后，除了上述技术进步、设备投资和改善收入分配等三个着力点外，政府需要发挥应有的监管作用，比如要通过监管手段切实提升消费品质量，打击假冒伪劣产品。离开了这些措施，即使人民群众有支付能力，需求也不能充分释放。要扩大居民消费需求，必须改善产品质量监管，让人民群众放心消费。

三、畅通内外循环的新出路

前面指出，用扩大内需特别是基础设施投资的办法应对不利外部环境冲击，是我国的一条重要经验。应对眼下外部经贸环境恶化的挑战，一定程度上可以沿用这一条经验。但是目前遇到的挑战，从性质上讲和以往的根本性区别在于，还叠加了突然加剧甚至可能还会长期恶化下去的供给冲击。所以，形成新发展格局，除了通过在国内大循环中自力更生、加大自主研发力度，着力提高产业链韧性之外，还需要力保内外产业链相互衔接，才能有效应对目前挑战。

力保内外产业链相互衔接，需思考一个重大问题：我国秉持什么样的技术安全观，才有利于赢得全球技术网络中尽可能多的伙伴的信任和顺畅的合作。

我们认为，我国应秉持基于大国间技术能力均势的技术安全观，并做出相应的可信的承诺。直观地说，对于我国而言，并非只有在360行中行行皆状元，才是技术上安全的，而只要在120行中真正占据绝对领先地位，就可以和其他主要技术伙伴形成技术上的均势。这种基于均势的技术安全观对于其他主要大国而言，构成了我国不会从技术上卡他们脖子的“可信的承诺”，他们才愿意顺畅地和我国开展技术和贸易投资往来，大家都没有积极性频繁挑起技术和贸易摩擦。

之所以要秉持这样的技术安全观，最直接的原因是单个国家，即使最发达的国家，也做不到360行，行行皆状元。除此之外，更深层次的道理，可用博弈论中的逆向归纳法加以说明，即从世纪中叶我国有可能成为社会主义现代化强国的情景出发，逆向归纳。

从潜力上讲，到世纪中叶我国经济规模有潜力成为世界第一，且远超世界第二位经济体的水平，虽然届时我国人均收入水平仍然没有跻身世界前列的潜力。倘若能把上述潜力变为现实，那么届时仅仅按照和其他国家一样的比例投入研发经费，我国可动员的研发总投入就远超世界第二位经济体，就可以在比其他国家宽得多的领域内开展研发活动。

此外，倘若能把上述潜力变为现实，我国将享有不成比例的高的资源配置能力优势，比如我国经济总规模占世界的30%后，全球500大榜单中落户我国的企业数量和我国积聚的顶级研发人才总量占全球的比例都将超过30%，从而在全球资源配置体系中的影响力要远超30%。

这些因素综合起来，如果世纪中叶我国能释放自身发展潜力、实现现代化，则届时我国也许不止120行里是状元，而很可能是150甚至180行里是状元。届时真正担心技术上被卡脖子的，是其他国家，虽然我国从人类命运共同体理念出发不会这样做。

按照博弈论中逆向归纳的原理，其他国家出于对未来被我国卡脖子的担心，如果他们在眼下不能获得我国做出的保障他们未来技术安全的可信承诺，他们眼下的最优战略就是联手从技术上卡我国脖子，遏制我国技术发展，阻止我国经济规模成为世界第一，进而避免对未来他们技术被卡脖子的担心。

这种战略考虑已经付诸行动。如果今后对我国技术封锁力度进一步加大、持续时间过长，那么产业断链问题会日趋严重，我国技术进步速度会受到很大影响。虽然完全靠自力更生也能逐步实现技术进步，但在逆水行舟般的国际间技术竞争中，我国技术进步步伐会大大慢于其他国家的联合体，进而导致我国甚至连120行都难以成为状元。

要破解这样的困境，衔接内外产业链，我国眼下就需要确立和阐明基于技术能力均势的技术安全观，即表明自己不会凭借新型举国体制追求在所有技术谱系上占据全球前沿，并以此推动形成大国之间基于技术能力均势的技术和产业安全格局。当然，这并不意味着我国彻底放弃这些领域的技术。我国在这些领域可储备和积累低于前沿技术的能力。

于我国而言，形成这样的技术和产业安全格局，才有可能使得眼下已经遭遇到的技术封锁力度不会进一步加大，并争取在未来逐步缓解，产业断链的风险才能逐步消除。

秉持上述技术安全观，做出不谋求在全技术谱系上追求前沿的承诺和安排，会不会自废武功，能不能真正使我国发展获得全球产业链和技术网络的保障？这还取决于我国在自己所要发展的120行内能否真正成为状元，能否在别国从其他领域卡我国脖子时，对等地甚至更大力度地实施报复。只要我国在自己所要发展的120行内能通过技术能力累积效应而形成正反馈，巩固地保持自身优势，那么，就可以期待顺畅地和其他国家开展技术和贸易投资往来，博弈各方都没有积极性频繁挑起摩擦。有了这样的技术安全格局，内外产业链才能有效衔接。